Change & Transform

想 改 變 世 界 · 先 改 變 自 己

Change & Transform

想 改 變 世 界 · 先 改 變 自 己

8個吸引好運、財富和人緣的
超狂變身機制，
順應宇宙法則，更快心想事成！

從負債2000萬到奇蹟罩我每一天

日本人氣心靈教練×能量手環設計師
小池浩 Koike Hiroshi 著

林佩瑾 譯

【推薦序二】心智，就是軟體

在過去，我們學習理財的方式，比較像科學，不像心理學。科學是公式、規則、理性；心理學是反省、覺察、感受內在的聲音和情緒。

長久以來，我們學習理財，都在討論「股票的公式」「商業的規則」「財報的數字」，很少討論投資股票時，「我心裡的感覺，到底是什麼？」「我媽媽告訴過我，錢該怎麼賺，才是對的？」「我對有錢人的印象，到底什甚麼？」這些話題，我們從不在意。

如果說，我在十六年的理財經驗裡，學到了什麼。我要說：Awareness is money.

——覺察力，就是致富能力。

一個人，如果能覺察自己對金錢的「念頭」「印象」「情緒」，才越有可能累積財富，做好投資。因爲，你的心智，就是你的軟體，你想的，最終會成爲「現實」。西方世界說，這叫「心想事成」，佛教說，這叫「顯化」，你怎麼想，就會得到什麼東西。

我們每一個人，都應該讀《從負債2000萬到奇蹟罩我每一天》。這本書，教你觀察念頭，覺察家規，反省情緒：它展現了宇宙的祕密，富足的祕密。很少有續集會比第一集好看，這本書眞的做到了！你可千萬不能錯過了，幫我做點筆記。

十方（李雅雯），暢銷作家富媽媽

【推薦序二】加強威力版的宇宙法則

自從我的女兒讀完《從負債２０００萬到心想事成每一天》，認識了宇宙先生之後，我就開始有了祕密武器，當她開始有了抱怨口頭禪出現時，我就會提到宇宙先生的暗示，她就會很快轉換想法。

而這次宇宙先生帶來加強威力版的法則，歡迎邊看書邊實驗，你會發現，世界眞的有未知的力量在導引著我們。

鄭俊德，閱讀人社群主編

【推薦序三】

翻轉人類意識的曠世巨作

宇宙先生系列書籍一直是我最常推薦大家看的，甚至是孩子都能立馬學會並運用。

去年我先生的工作室必須緊急搬遷，在過程中除了考驗我們內在的目標信念是否清晰之外。我們一直複誦正向話語「我們的願望已經實現了！」，並且不斷地送我愛你光波給屋主。我們談到了一個奇蹟價格省了近千萬。

本次的新書依然幽默爆棚，內容更是讓我大呼過癮！沒錯！地球人就是需要大改造！到底怎麼會有那麼多失敗痛苦恐懼的理由與藉口？那麼多的自我欺騙？這也是我在教學的過程中一直想要幫助學生翻轉的。

感謝小池先生和宇宙先生又再一次創造了曠世巨作，翻轉人類意識。

歐拉（張韋婷），YouTube 頻道「我是歐拉張韋婷」創作者

【推薦序四】

練出「心想事成」的體質

我最常遇到學生跟我說：「老師！我也想要擁有心想事成的體質……有沒有什麼方法可以讓我快速心想事成呢？」

每次聽到這裡都忍不住會心一笑。是啊。大家都渴望心想事成，但更渴望「快速的」達成。

在《從負債2000萬到奇蹟罩我每一天》裡，有一個方法正是我教予學生的其中一種，就是「改變你的口頭禪」。

我有位學生曾經是個處在負面狀態時間很長的人。每天早上醒來，他第一個念頭是：「喔！好煩，又要去上班……」然後每天帶著同樣的心情，走著同樣的路，帶著相同的模式過每一天。

看起來就像是個機器人一樣，被世界和社會的不得不推著走。

每當遇到麻煩的主管，堆積如山的工作時，他總不停的抱怨著：「好煩喔！我真的受夠了！眞的好想離職……」或帶著渴望，卻又覺得自己應該很難做到的語氣說著：「要是我能存到多少錢，我就要退休！」講完以後，又回歸他日復一日的工作日常。

在《從負債2000萬到奇蹟罩我每一天》裡，剛好也有一個我常常請學生做的練習，那就是說「謝謝」。

爲什麼謝謝如此重要？在這本書裡，小池和宇宙先生提到：「言語是有能量的，而說出話語的語氣、情緒，則是言語的能量。說好話、聽好話，發出好的能量，接收好的能量，就是一個良性循環。」

於是我跟他說：「我們來做個小遊戲好嗎？現在開始，每當我們又覺得很煩、很想抱怨的時候，改爲說『謝謝』。你覺得如何？」

這位學生當時覺得我肯定是瘋了，怎麼會在很煩、想抱怨的時候，還能若無其事的說「謝謝」？

同時，我還告訴他：「每天一早醒來，對著鏡子裡的自己微笑說『今天眞是美好的一天，感謝。』」

一開始，他挺不情願的。但他想著，「如果這個方式眞的能讓我快速心想事成，而且這方法又滿簡單的，何不試試看呢？反正，我也不可能再更糟了。」

剛開始他遇到麻煩的工作和主管時，硬著頭皮在心裡說「謝謝」，心裡感覺十分彆扭，但後來他越說越順，每當他一說謝謝時，心情就會變好！加上他每天早上對自己說「今天眞是美好的一天，感謝！」後，他發現他的生活慢慢起了變化……

每一天他不再帶著煩躁、憂鬱的心情去上班，而且工作量慢慢變成他所能負荷的狀態，主管也不再一天到晚煩他。

他心想：眞的有效啊！但爲什麼說謝謝會有用？宇宙先生不會以爲我說謝謝是要求得到更多的工作量嗎？

我笑著對他說：「當然不會！因爲你的感謝，是感謝你現在所擁有的，未來即將擁有的。」

當你感謝主管交辦你工作時，你感謝你擁有一份工作，同時感謝這份工作可能即將爲你打開更美好的康莊大道，因此，宇宙先生只會把更好的、更喜歡、更適合你的，帶來給你。

這樣練習幾個月後，他人不只變得開朗，氣色變好，連人緣都變好了！甚至被其他單位的主管賞識，即將升官到更好的位子。

至於「要是我能存到多少錢，我就要退休！」這句話，我告訴他要改爲：「哇！我越來越有錢了！眞棒！感謝。」，把它寫下來，並放在能時常看到的地方。這樣的練習不只爲他帶來更喜歡的工作環境，也爲他帶來比過去薪水還要多的收入及金錢管道。

想要跟我一樣心想事成，隨時有宇宙先生伺候著我，就趕緊好好研讀這本書吧！

安一心，華人網路心靈電台共同創辦人

對了，
最近好像都沒看到
「那個人」耶。

我就是黑名單上人人聞之色變的小池

我是小池浩。

十五年前，我背著兩千萬債務，涕淚縱橫地過著窮途潦倒的生活，直到有一天，一個「留著公雞頭的奇妙浮游生物」（也就是虐待狂宇宙先生）從蓮蓬頭冒出來，用嚴厲的魔鬼訓練電爆我、矯正我的口頭禪，引發一連串不可思議的奇蹟，九年後，我終於還清了債務。

那段期間，我也有了美麗的妻子與可愛的孩子們，現在活到五十幾歲，人生還是青春洋溢。

我有一間小巧舒適的辦公室，還有一群很棒的員工；我在日本四處飛來飛去，傾全力傳授見證奇蹟的訣竅。

這陣子講到興頭上，我甚至還拜託客戶：「不好意思，我還有話想說，再讓我多講一下。」

發生在我身上的「鹹魚翻身大逆轉」，別人都說那是奇蹟。看來，現在的宇宙，奇蹟依然「庫存過多」。

為什麼呢？因為大家明明有很多想做的事、想實現的夢想與希望，卻不用正確的方法「下訂單」。

說到底，宇宙就是一種能量增強裝置，專門增強當事者所發出的能量。

如果是誠心誠意下訂單，宇宙一定能正確實現它，偏偏正確的「訂單」都不來，宇宙就算想實現，也無計可施。

的確，虐待狂宇宙先生教了我向宇宙正確下願望訂單的方法，我也改變口頭禪，學會正確下訂單，因而在生活中引發各種奇蹟。

我的上一本書《漫畫一看就懂！從負債2000萬到心想事成每一天》（原書名為《マンガでわかる！借金2000万円を抱えた僕にドSの宇宙さんが教えてくれた超うまくいく口ぐせ》，暫譯，台灣並無出版。）當中的角色「浩美」，也靠著這套下訂方法引發一連串奇蹟；參加我講座的來賓，也有不少人忽然業績爆增。不僅如此，還有人下訂單隔天就遇見好對象，半年後就結婚呢。

在讀者的來信之中，也有不少令我驚奇的大大小小「奇蹟」。

二〇一八年年初，我在各大研討會都說過這句話。

「我要在二〇二〇年之前買房子！」

全家夢想中的獨棟房屋。車庫裡有一臺（先買好的）夢想中的進口車。我下的訂單，就是如此具體。

為什麼是二〇二〇年呢？喏，因為我不能辦信用卡啊。

債務還清那年會是二〇一四年。聽說必須等七年，「信用記錄」才會清除，七年後是二〇二一年，於是我心想：既然要設定目標，就訂在前一年——二〇二〇年好了。

我無法辦信用卡，當然也很難申請房貸。於是我打算用現金買房，下了「我要在二〇二〇年用現金買房子！」的訂單。

下訂單之後，我每天都在腦中勾勒理想中的住家，不久，竟然找到一棟非常喜歡的房子。不過，它超出我的預算了。

畢竟我可是登記在黑名單上的人，只能用現金購買，而我的現金根本不夠。房子棒歸棒，但我跟它大概無緣吧……當時的我，幾乎就快死心了。

有一天，我去鄰近的某家銀行匯款（我每個月都在這裡匯款），分行長忽然對我說：「小池先生，如果有什麼需求，歡迎隨時找我。」

「需求……說起來，還真的有耶！」

話才剛說完，分行長就請我到會客室了。

「呃，不知道提這件事會不會太唐突……我想，我應該沒辦法辦房貸吧？」

我支支吾吾地問道。

「要不要審核看看呢？」

分行長倒是很爽快。

幾天後，分行長打電話來，通知我：

「審核通過了！」

想不到我竟然能辦房貸！這世界真是令人猜不透啊。

才那麼一轉眼，我居然比訂單所設定的年限還早兩年，買到奇蹟的夢想屋！

到底有誰能想得到，小池竟然能靠著衝動買下「死前好想買一次」的夢幻進口車？

現在辦信用卡還是會被銀行刷掉的我，居然能買到自己的房子。最不敢置信的人，就是我自己。

不過，它還是實現了。每天都有奇蹟。

每天發生奇蹟，奇蹟都不奇蹟了。

向宇宙下訂單、行動、實現。這樣的「奇蹟」，或許已經變成每天的日常了。它不再是奇蹟，而是我的日常生活。

搬家，是人生的全新起點

戲劇性地買下房子幾個月後，我們全家總動員，開始準備搬家。終於要搬進夢想屋了。

妻子跟女兒開心地打包行李，我看著她們喜孜孜地想像新生活，不禁細細品味心底湧現的幸福感。

深夜，我獨自在書房對著這棟公寓說「謝謝」「我愛你」（每個月一號我都去本地氏神「中田神社」祈福，說來這棟公寓也受了中田神社不少照顧），一邊傳達至今以來的謝意，一邊努力打包行李……。

（咦？對了，那個人最近都沒來耶。）

……此時，我忽然想起一件事。

最近，我都沒聽到宇宙先生的聲音。

聽到自己體內傳來的「靈感」與「第六感」，對我來說已是家常便飯，但最近卻聽不到宇宙先生嗆我的聲音。

幾個月了？半年？不，還是一年左右？奇怪，我連這點都搞不清楚。

整天要別人感謝他的宇宙先生，知道我要買房子，居然沒有冒出來說「怎麼想都是我的功勞吧！」……真是太奇怪了。

（該不會是消失了吧？）

（難道我的人生已經達到巔峰，沒什麼好教的了？）

（不不不，「虐待狂」系列沒有宇宙先生，這還能看嗎？）

（呃，他要是再也不來了，該怎麼辦？）

（唔……出版社的編輯會不會威脅我「快把宇宙交出來」？）

（還是說，讀者會抱怨「怎麼都沒有宇宙先生啊」，然後把書闔上？）

（天啊啊啊啊，不管怎麼想，都很糟啊！）

就在此時——

櫃子忽然開始晃動……
磅！咚沙咚沙咚沙！
「好、好痛啊啊啊——！」

「咦？這是什麼？」

一大堆東西如雪崩般掉落下來，當中有一個我從未見過的卷軸。

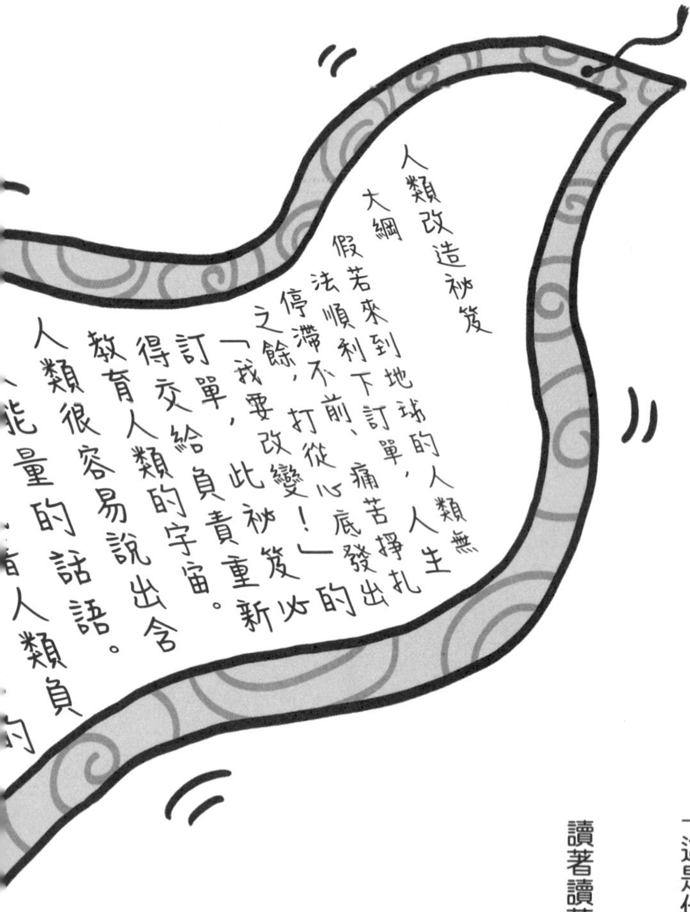

緊接著，我手一滑，黑色卷軸便攤開來往下滾，露出了裡面的文字。

「這是什麼、這是什麼啊！」

讀著讀著，我忍不住倒抽一口氣。

上頭寫著：

「人類不應該知道的幾件事」。

「喂！小——池——！
你幹嘛偷看別人的卷軸啊！」

我聽到這陣怒吼，嚇得將卷軸丟到地上。

「嗚哇啊啊啊啊啊！對不起、對不起……呃，咦？」

我雙手抱頭，準備迎接虐待狂宇宙先生的暴力紙扇攻擊……咦？怎麼沒有？

我戰戰兢兢抬頭一看。

「拜託，卷軸哪會揍人啊。」

「等一下！為什麼卷軸用宇宙先生的聲音講話？不對吧，再怎麼說，這設定也太扯了啦。會說話的卷軸？又不是《哈利波特》！」

「啥？你是還沒睡醒喔？我在本系列第一冊就從蓮蓬頭跑出來了，那時就很扯了啦。」

「呃，你在吐嘈自己嗎？」

「說起來，我覺得這系列的讀者啊，一定一開始就覺得『這本書跟這個作者是不是有病啊』。」

「……好了啦，拜託你別說了。言歸正傳，這卷軸到底是什麼東西呀？」

「嗯——嗯嗯嗯——」

「你也支支吾吾得太明顯了吧！你說，什麼是『人類改造祕笈』呀！」

「可惡，被你看見了。

這個卷軸剖析了人類世界的機制，並記載著改造人類的祕訣。

我不是說過嗎？每個人都有一個『虐待狂宇宙先生／小姐』，來擔任每個人與宇宙之間的橋樑。就像你有我，浩美（編按：作者另一本相關著作《漫畫一看就懂！從負債2000萬到心想事成每一天》〔マンガでわかる！借金2000万円を抱えた僕にドSの宇宙さんが教えてくれた超うまくいく口ぐせ〕的主角。）也有自己的宇宙一樣。

我們來到地球時，都會詳讀這人類不應該知道的『人類終極改造祕笈』。

人類的本質是什麼、會在什麼地方遇到瓶頸、什麼時候該給予什麼樣的指導……卷軸裡詳細記載了這些宇宙長年以來累積的資料。唯有發出『好想人生大逆轉』訂單的人，才能啟動這卷軸的『人類改造計畫』。

從人類的角度看來，就是能將種種負能量轉換為正能量的『錦囊妙計』。我們宇宙先生小姐，就是遵照卷軸上的祕訣，來重新教育、改造人類。

簡單說來，你就是我的『受試者』。」

「意、意思是說，我是你的白老鼠？話說回來，為什麼要這麼做？」

「因為宇宙終於行動啦。我在本系列第一冊《從負債2000萬到心想事成每一天》詳細解釋了宇宙系統，包括人類來到地球的理由與行動的意義，這一切，人類本來是不需要知道的。不，人類是不應該知道的。

為什麼？因為不知道比較有趣。

電影的主角並不知道自己身在電影裡，逕自行動、享受過程、迎向結局，這樣才好。以前的人類會盡情行動，為人生這齣戲劃下完美的句點，然後回到宇宙。

可是！這年頭的地球人，不僅規避風險的能力大幅上升，心靈也變得太複雜了。太多人膽小怕事，導致無法單純享受行動的樂趣，因而走向壞的結局。

那些回到宇宙的靈魂們，一個個唉聲嘆氣道：『慘了，早知如此，當初在地球應該更勇於行動才對！』宇宙看了，怎麼能坐視不管？

宇宙心想：『該做些改變了！』於是深入剖析在人間引發負能量的『機制』，做出了重新改造人類的『人類改造計畫』。然後，再召集虐待狂宇宙先生小姐擔任宇宙與人類之間的橋樑，舉辦『改造人類天下第一強錦標賽』。我已經獲得提名，今天是頒獎典禮。」

「什麼！

頒獎典禮？

既然有重要的典禮，為什麼你在這裡？」

「想也知道是因為我忘了啊。」

「居然忘了……哪有人這樣呀。

不過，既然你忘了，

就讓我讀、讓我讀、讓我讀！」

「喂，等等、住手！

臭小池，不准摸！」

「誰教你忘記，怪你自己吧！」

「不准打開！啊啊啊啊啊！」

一邊是想打開卷軸的我，一邊是想闔起來的卷軸，一陣拉扯之下，卷軸滾到地上，露出了裡面的文字！

我拿起這個嚴禁地球人閱讀的「會說話卷軸」，讀了起來。

「……哇賽，這個好猛啊……」

負債2000萬的我
現在才知道，

虐待狂宇宙先生
故意不告訴我的
超狂翻身機制

十五年前的宇宙某處……

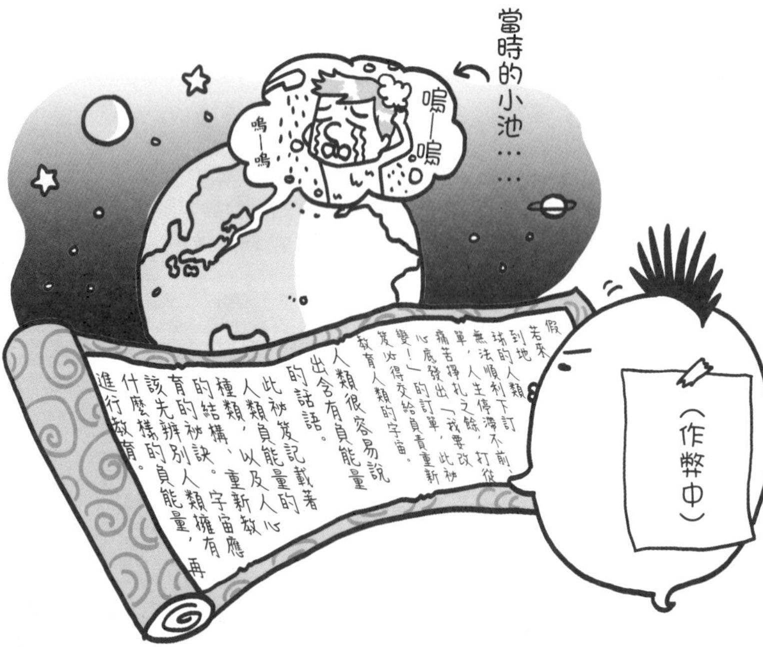
當時的小池……
嗚—嗚
嗚—嗚
假若來到地球的人類無法順利下訂單，人生停滯不前、痛苦掙扎之餘，打從心底發出「我要改變！」的訂單，此祕笈必得交給負責重新教育人類的宇宙。
人類很容易說出含有負能量的話語。
此祕笈記載著人類負能量的種類、以及人心的結構、重新教育的祕訣。宇宙應該先辨別人類擁有什麼樣的負能量，再進行教育。
（作弊中）

負債2000萬的我現在才知道，
虐待狂宇宙先生故意不告訴我的超狂翻身機制

目錄

卷二：「煩惱的機制」 075

卷三：「金錢的機制」 131

登場人物・介紹

小池

本名：小池浩

現居仙台。十五年前背了兩千萬債務（其中有六百萬是高利貸）而窮途潦倒時幸虧遇見宇宙先生，進而開始改變口頭禪，運用宇宙法則，戲劇性地鹹魚翻身。花了九年還清債務，現與妻子和女兒過著幸福快樂的日子。

虐待狂宇宙先生

本名：偉大之泉

謎樣的浮游生物，在窮途潦倒的小池大喊「救命」時，從蓮蓬頭現身，語氣嗆辣地把小池電到回歸正軌。因奇蹟般地帶領小池人生大逆轉而成名，那頭奇妙的公雞頭也很有名。

浩美

本名：小泉浩美

本系列漫畫版《虐待狂宇宙妹妹》的主角。三十八歲單身，沒男朋友、沒工作、可是有債務。她在三重難關之下成功逆轉人生，找到理想的結婚對象，在法國過著幸福快樂的日子。

烏鴉天狗

「託福使者」之一。在神社四周飛舞，專門向相信宇宙的人展現奇蹟。

宇宙妹妹

本名：繁盛圓滿

漫畫版《虐待狂宇宙妹妹》的角色，浩美的宇宙妹妹。浩美學小池對著蓮蓬頭祈禱，想不到宇宙妹妹就現身了！在開導浩美之餘，她也不忘展現美豔的七十二變，引爆話題。

小緣

宇宙媒人網的媒人婆。她會出現在真心許下「結婚」訂單的人面前，幫忙牽紅線。

卷一

●

「實現願望的機制」

第一章 先叫人類「動起來」，好運口頭禪說好說滿

如何改造「熱中靈性療癒的人」

「好想實現願望！」

「好想得到幸福！」

這年頭的地球人沉迷於「靈性療癒」跟「吸引力法則」，但其實，當中隱藏著許多陷阱。越來越多人認為，只要向宇宙下訂單，就能「躺著」實現願望，這點千萬要注意。

靈性（spiritual）的世界，是無形的。

許多人首次接觸「靈性」的療癒，就覺得看到了新世界，覺得自己得到了強大的能量。

靈性對於深陷煩惱與迷惘的人而言，無疑是巨大的心靈寄託；但反過來說，人也可能過於依賴靈性，因而無法接受其他解決方式，裹足不前。

依賴無形的世界而放棄行動，這絕非「靈性」，也不是「吸引力法則」。

成大事的人，一定是腳踏實地的。他們會用雙腳行動，發出訊號。因此，才能吸引他人。

他們絕不是嘴上喊著「救救我」，卻什麼都不做，妄想好運從天而降。如果你去了能量景點，[1]心裡就沾沾自喜，覺得「這下子，我的人生就改變了！」，是沒有任何意義的。

1　Power Spot，也稱爲氣場，簡言之就是充滿能量的景點。

重點在於化無形為有形，藉助這股能量。

用空氣來舉例，應該好懂得多。我們看不見空氣，但空氣確實存在。人類賴以維生的東西，並非都是肉眼能看見的。無形的東西，也有其真實性。

許多人不知道，其實真正珍惜靈性的人，是腳踏實地的現實主義者，非常勇於行動。

這一點，正是妨礙人類盡情享受地球生活的最大誤解。

如何改造「滿嘴負面口頭禪的人」

人類擁有語言。這是人類之間溝通的手段，也是整理思緒的利器。使用語言，能大幅提升人類下訂單的能力。

說話聲是一種聲音，聲音就是振動，是一種能量。

音樂家從丹田發出的歌聲之所以感動人心，歌聲所蘊含的語言之所以催淚，正是因為聲音含有震撼人心的強大能量。

那一剎那，人們與美麗的能量相遇了。

從人類嘴巴發出的聲音——也就是話語，會一邊振動一邊在空間傳播，不僅會傳播到對方耳裡，當然也會傳播到宇宙。

宇宙會接受這些能量並予以增強，實現人類的願望。換句話說，人類每天所說的話，都會變成一筆筆的訂單。

因此，必須敦促人類留意平常所說的話，盡量說好話，避免說出負面口頭禪。光是這樣，就能使人類大幅改變。

其中能量最強的話語就是「謝謝」和「我愛你」。不過，就算說再多「謝謝」，若是平常講太多「好爛喔」「衰死了」「好討厭」之類的負面詞，宇宙還是會增強每一句話的能量，導致正負抵銷。

有些人會說：「我說了很多『謝謝』，還不是什麼都沒改變。」這種人，應該徹底矯正說話習慣。

靈性，就是「充實現實生活」

宇宙先生忘記帶走的卷軸，裡頭開宗明義寫著：所謂靈性，就是指現實中的日常生活，就是「行動第一」。

這也是虐待狂宇宙先生對我本人的「當頭棒喝」（這不是比喻喔）。

改變口頭禪就是最簡單的第一場「行動」，得到宇宙的提示之後，也必須盡量「行動」，然後下一個提示又出現，又再次行動……如此周而復始，我的債務總算還清，造就了今大的我。

我的書在書店被歸類在「心靈成長/靈性療癒區」，對於想追求幸福的人而言，這一區有很多書都能帶給人巨大的能量。

不過，也有很多人表示：「讀了一堆書，還不是改變不了現實。」

那是因為使用者自己搞錯啦！而且大錯特錯！

你的意思是，靈性雖然是無形的，但不代表使用者只需要在腦子裡想像、祈求，等著好運從天而降吧？

沒錯！

無形不等於抽象。

人類的肉眼看不見靈性，

但靈性是一股真實存在的能量！

如果你非常珍惜無形的靈性，卻還是無法實現願望，不妨這麼問問自己。

你是否腳踏實地，
認真活在現實當下的每一刻？
真正的靈性主義者，
正是終極現實主義者！

靈性就是「充實現實生活」，這句話說得真好。

能靠口頭禪改變人生的真正原因

說穿了，地球上的靈性主義者，總是不斷發出能量的訊號……
換句話說，就是不斷地下訂單與行動。

「嗚嗚嗚，到頭來我還是得自己努力嘛」

哭屁喔，不准說這種喪氣話。

仔細看看那——個小池。

他每天還不是開開心心地認命照做，

窮到快脫褲時還閒到每天掐指計算說「謝謝」的次數，總共

七千次呢！

哈。因為說了「謝謝」就能實現願望，

遵照提示行動也能實現願望啊。

你喔，我真羨慕你這麼單純耶。

「把話說出口」，就是一種能實現訂單的行動，也是實現願望的第一步。

回顧以往經驗，我對此更是深信不疑。

說話聲也是一種聲音。而聲音就是波動，亦爲一種能量。
人類的說話聲組合了各種聲音，成爲語言。
依據聲音的組合不同，能量也會變好，或是變壞。
你是不是覺得：「只是聲音耶，有差嗎？」
我們可以將聲音排列組合，對彼此表明心意，也能接收對方所傳達的訊息。聽到「謝謝」，人的心情會變好；而聽到「王八蛋」，心情就會變差。那是因爲你接收到訊息時，也同時接收了語言所承載的能量。
因此，我認爲人是能量的發射器，也是接收器。

說好話、聽好話，
發出好的能量，
接收好的能量。

這種良性循環，正是實現訂單的基礎。
我不是說過，宇宙實現訂單的方式，就是增強當事者所下的訂單……也就是增強能量，如此而已嗎？

因此，說話方式非常非常重要啊。

「只用一張紙」，就能迅速改變你的口頭禪

「不能只在心中說『謝謝』就好嗎？」
「我很迷惘，不知道說幾次才能招來好運。」
「腦子裡一直浮現壞念頭。」
「老是學不會把好話掛嘴邊。」
「想戒掉負面口頭禪，卻總是不小心說出口。」
最近有很多讀者提出以上的問題。

什麼嘛，你在煩惱這個喔？
別擔心，負面口頭禪是戒得掉的，而且方法很簡單。

首先，準備一張紙！
接著，將自己常說的
「自虐口頭禪」「做夢口頭禪」「請求口頭禪」寫在紙上。
然後，再用紅筆將它們一一打叉劃掉。
全部劃掉後，再寫下新的口頭禪，取代以往的口頭禪。
你寫下來的話會直接變成宇宙訂單，你可要好好寫啊！

例如：

「好想變成有錢人喔」←「我錢多得是！」

「我這個人就是廢」←「我很好！」

「我一定做不到」←「我當然做得到」

「好想去旅行喔」←「我要去旅行」

諸如此類。

寫好後，再將那張紙貼在醒目的地方，時時提醒自己唸出修正版的口頭禪。

如果你不小心說出負面口頭禪，就十倍奉還——亦即將那句口頭禪的修正版唸十次。

一開始，你可能會覺得很彆扭，或是感到厭惡。

也或許，心裡會有一個聲音告訴你：「才怪！」

我非常了解你的心情。

誠如我在第一本書《從負債2000萬到心想事成每一天》裡所說，我一路上就是這麼過來的。

因此，我非常明白各位為什麼會不自覺走回頭路，也明白各位心中的不安，明白遲遲無法改變現狀，確實容易使人喪氣。

不過，這也沒關係。

總之，小時候沒有人對你說過的正能量話語，你必須不斷說給自己聽。

你要不斷說下去，直到自己相信為止。

「美夢成真的未來」，宇宙早就幫你準備好了

小時候，父母就算聽我們說出看起來很難實現的偉大夢想，還是會聽得津津有味。

「我要當太空人！」
「我要當大明星！」
「我要成爲億萬富翁！」

或許有些父母聽到你興沖沖地說出這些話，會潑冷水吐嘈：「喂，你以爲出社會那麼好混啊？」不過，大多數父母應該都是微笑著說道：「哇，你好棒喔！」「你一定辦得到！」

小池，你偶爾也講得出人話嘛。
我實在是很想問問人類，
那些偉大的夢想，
真的無法實現嗎？
難道沒有人實現過嗎？

人類勾勒夢想時，
同一時間，

宇宙已備齊了實現夢想的必要資訊，
也同時幫你準備好了「美夢成真的未來」。
換句話說，當你心中有了夢想，
宇宙就同時掌握實現夢想的資訊了！

懂不懂啊，小池！

我、我懂，我當然懂啊！
畢竟我上過宇宙先生的魔鬼訓練營，早就銘記於心啦。

各位應該聽過，世界上許多成功人士「小時候就決定長大要成爲專業人才」，或是「從小就相信自己可以成功」吧？
這一路以來，我逐漸了解：如果成功人士與不成功人士之間有差異，那就在於：
當事者是否一心相信自己能成功，
不對自己設限？

這一項差異，

就是能否朝著夢想勇於行動，貫徹始終。

如此而已。

心想事成的終極奧祕：行動、行動、再行動

眞的有非常多人問我，「我不懂宇宙的提示，該怎麼辦？」

我先說答案好了——其實「一時之間」搞不懂「宇宙的提示」，是很正常的。

事後回頭想想，你會發現：「原來那是宇宙的提示呀！」是的，直到事後，你才會了解。

當然，當你習慣奇蹟源源不絕出現，就會明白什麼時候該行動，而究竟什麼樣的

人，具有這樣的慧根呢？

那就是「勇於行動的人」！

更正確的說法，

是「他們其實不確定這是不是宇宙的提示，

但既然隱約有那種感覺，

就先行動再說。」

沒錯，我所說的就是這樣的人。他們並不確定「心裡忽然浮現的念頭」是不是「來自宇宙的提示」，但還是決定先「行動」再說。

我越來越肯定：唯有勇於行動的人，才能看見全新的世界與未來。

看到這兒，你可能會感到疑惑：

「咦？意思是說，不確定是不是提示也無所謂？

萬一不是宇宙的提示，該怎麼辦？」

這還用問嗎？當然是不確定也沒關係啊！

如果你以為是提示，結果猜錯了，猜錯就猜錯啊。

這代表宇宙告訴你：這次不是提示，等下次吧！

哎呀，一開始搞不懂是很正常的啦。

不過，換個角度想想，這不就是我們人類來到地球的目的嗎？喏，「行動」本身對我們人類而言，就是一種樂趣啊。

宇宙的系統，就是不管你是否遵循提示，都能因行動而達成目的。

得到提示、採取行動、得到結果；

得到下一個提示，再度採取行動，得到結果；
就算沒有結果，其實「沒有結果也是一種結果」，
只要持續行動，就能實現訂單。

第二章 教導「被虐狂」改掉被虐的習慣

如何改造「膽小怕事的被虐狂」

諸事不順、深陷泥沼的人，會完全忘記自己的人生中也曾有過「美好的時光」與「成果」。

人類只關注壞事，原因出在大腦跟心靈的構造。

動物的本能就是生存，因此生來就擁有「風險規避能力」。

動物對危險是很敏銳的。

這很正常，因為要是被吃掉，就會被強制遣返回宇宙了。

因此，從動物在地球上誕生的那一刻起，就時時警戒著任何危及生命的事物——也就是負面能量。

然而，在高度近代化的現代社會之中，人類在長久的歷史中（從宇宙的角度看來根本是滄海一粟就是了）所培養的風險規避能力，就變得沒那麼重要了。

風險規避能力能幫助人類「判斷四周有沒有敵人、所在地點危不危險，進而迅速逃生」，可是這年頭，路上哪有獅子？

另一方面，人類的大腦大幅進化，偵測危險的能力也變得更敏銳了。因此，人類的大腦並沒有花多少時間判斷「到底危不危險」，反倒老是記著那些「自認為很危險的事」或是「歷險歸來的經驗」，導致下意識地規避、逃避，原地打轉。

從某方面看來，社會的現代化，造就出一種讓宇宙也傻爆眼的「無敵膽小怕事的被虐狂系統」。

如何改造「把吃苦當吃補的人」

很多人都不知道，其實宇宙訂單實現與否，跟當事者努不努力、辛不辛苦，一點關係也沒有。

不僅如此，人一旦努力過，就很容易抗拒不勞而獲，或是去批判不努力的人。

「簡單」並不是罪過。付諸行動後不小心得到幸福，又有什麼關係？不管當事者是過得辛苦或輕鬆，關鍵都只在於是否「付諸行動」。

請對此銘記在心，若是遇到拖拖拉拉的人類，務必狠下心逼對方展開行動。

不過，人類最喜歡吃苦當作吃補，所以若要改善，可是一場長期抗戰。

此外，許多人都認為「行動」等於「努力」「吃苦」「拚命」「辛苦」，以上對了一半，也錯了一半。

沒錯，實現願望確實需要行動，但是「只有辛苦努力的人才能成功」只是人類加諸的限制，這項限制會變成宇宙訂單，請務必注意。

不管辛不辛苦，只要行動，就能實現願望。

因為，無論是輕鬆實現願望，或是歷盡千辛萬苦才實現願望，都是當事者所下的訂單。

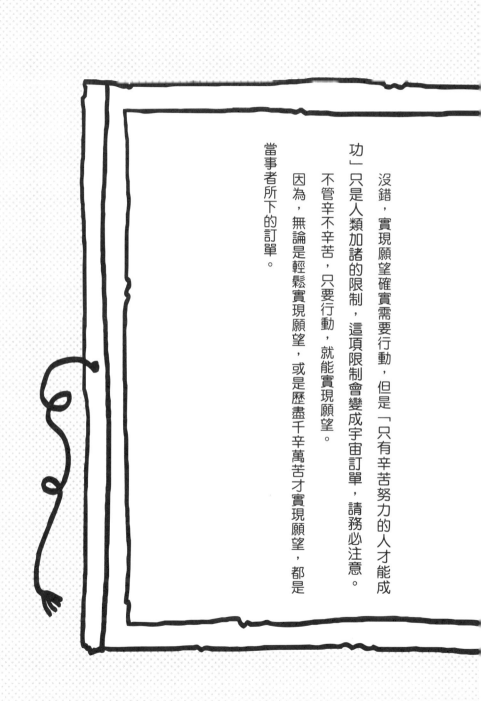

為什麼人很容易偏向負面思考？

當人過得不順遂時，就會想嘗試各種方法改運。「我不可以陷入負面思考！我要成爲充滿止能量的人！」「我要完全接納負面的自己！」接著奮發圖強，努力改變。我也試過了各種方式，所以對此非常了解。

畢竟人類這種生物，天生就容易接收到負能量嘛。

因為要是對恐懼、辛苦、痛苦不敏銳的話，

就會衝動魯莽，說不定還會丟掉性命呢。

不過，若是因此就不行動，

我就不知道人類到底是來地球幹嘛的了！

的確，我們明明是來地球行動的，
結果卻不敢行動，簡直太慘了嘛。

那麼你說，結果會怎麼樣呢？

人類對負能量很敏感，
心靈會深深受到負能量影響，因此烙印在腦中的回憶，
當然大部分都是不好的回憶囉。

人類有時會哀嘆從前的失敗，但其實只有當事者自己過不去，
周遭的人早就忘得一乾二淨了。
也就是說，大部分人都想太多啦。

就是說啊。

結果咧？當事者卻反覆回想當年的失敗與恐懼，每回想一次，負能量對心靈的影響就更強一點，導致價值觀越來越負面。

久而久之，這樣的想法：

「都是那一次的失敗造成的」

「要是我有那樣做就好了」

就會變成當事者的口頭禪，不斷向宇宙送出負面訂單。

沒錯，那真是太可惜了！

我曾經說過，依照個人經驗看來，「設定期限」「寫在紙上」「說出來」對於實現訂單大有幫助，不僅如此，紙筆也會引發各種奇蹟，簡直就像魔法似的！

以下，我將介紹一種個人覺得非常有效的方法，請各位務必試試看。

請準備好紙跟鉛筆。

請逐年回顧自己的人生，將每年發生的好事一件一件寫下來。

去年發生過什麼好事？對了，前年遇過這些好事，還有那些好事……

每一年至少寫十件好事，回顧十年，就有一百件好事。關鍵在於：無論多麼芝麻蒜皮的小事都ＯＫ，從不好的回憶中挖掘美好的部分也沒問題。

寫出一百件好事後，請貼在醒目的地方（比如廁所）。

接著，再用實況轉播的語氣說出每件好事，背景音樂就選一級方程式賽車的官方主題曲〈TRUTH〉吧！

「喔喔喔喔！負債兩千萬的小池，意圖狠狠扳回一城，天——啊！

他對美若天仙的太太求婚了！
天啊、天啊！
負債還沒還清就求婚，太大膽啦！
而且……不會吧，
她答應啦！
她居然答應啦！
太棒了！不死鳥小池，
終於
得到人生的金牌了——！」

像這樣，將你人生中的成就與遇到的好事都寫出來，好好正視它們，然後想起美好的回憶。

「當時絞盡腦汁思考怎麼抓鍬形蟲，結果抓到大隻的！」「當年每天瘋狂練習，就是爲了當上正式球員啊！」請好好回想起來，其實以前你也下過訂單、行動，然後得到成果。無論是多麼微小的小事，任何成就，都是閃亮的寶物。

這些往事造就了今天的你，構築了你的人生。你的人生，絕對不是一事無成。我希望這世界上能有多一點人回想起這一切，就算只是多一個人也好；你的心將得到滋潤，就像乾涸的古井重新冒出泉水。

你一定要知道：

「我有下訂單的能力，也有行動的能力。」

唯有成功者才看得到的世界，其實你也見識了不少，因此才會渴望見識更多未知的世界。人生，本來就是如此精彩刺激。

無論身處何種逆境，靈魂都知道幸福位於何方

地球是行動之星，你心裡的念頭會受其增強，進而實現願望；而「心」對負能量如此敏銳，也是爲了不讓你的「身體」死掉，爲了保護你。

想想，白己之所以一直原地踏步、腦中總是浮現負面想法，「原來是因爲心在保護我，爲了讓我活下去（不死掉）啊！」這麼一想，是不是覺得該感謝一下你的「心」了？

小池，如果你聽懂了，接下來就該來聊聊「靈魂」啦。

你要聊的是我們與宇宙之間的橋樑——比心靈更接近宇宙的「那個」吧？

沒錯。我要聊的是，你們與宇宙之間的橋樑——管道的深層部分。

「靈魂」能充分享受在地球上的一切活動，並向宇宙報告一切。

「心」會爲了保護性命而畏縮、停滯不前，但「靈魂」無論身處任何危險之中，還是能完全投入、盡情享受。

沒錯，就好比電影《世界末日》（*Armageddon*），隕石即將撞擊地球，一群剽悍、橫眉豎目的鑽油工人爲此賭上性命，挑戰登上隕石改變軌道的任務。即使銀幕上的地球即將毀滅，觀眾還是看得津津有味；甚至最後主角的死，也成了感人肺腑的橋段。

不過，如果電影劇情發生在現實世界……再過十八天地球就要滅亡，而且所有人的性命交付在一群彪形大漢手裡，想必各位嚇都嚇死了吧！

這是「心」所引發的反應。爲了保命，心會讓你感到焦慮、恐慌。

然而，「靈魂」完全不會焦慮。因爲「靈魂」知道我們所處的現實世界——地球，只是舞臺，是爲了讓我們充分享受行動樂趣的舞臺。

儘管在地球得到「肉體」與「心」的人類沒有察覺，
但「靈魂」明白這一切，
所以即使在泥沼中掙扎，還是能玩得盡興。

不過，因為我們人類會感受到痛苦、辛酸，
所以完全不覺得有趣。

這個嘛，其實就算我不說出這項機制，
一路以來，人類也都懂得充分享受人生這齣戲。
結果呢？這年頭人類的心只會拚命踩煞車，
越來越不敢付諸行動了。

我不希望各位陷入負面思考，導致無法享受在地球的生活，因此我想告訴各位：

地球只是舞臺，
我們的所有痛苦與煩惱，
全都是用來增添人生電影趣味性的一部分插曲。
無論身在何種逆境，
靈魂都知道幸福位於何方。

我在第一本書《從負債2000萬到心想事成每一天》說過：「人生就像電影，享受吧！」上述這段，就是此言的眞諦，也是宇宙的眞理。

逆境，也是將電影推向最高潮的舞臺效果之一。「人生」這場戲，我們只能盡情享受。

只要「下定決心讓自己幸福」，便無所畏懼

「好想做一些令人振奮的事。」

「可以的話，眞希望只做想做的事就好。」

你是不是也曾這樣想過呢？

近年來，也有許多人分享成功祕訣，其中之一就是「只做自己想做的事」。

最近很多人問我：

「小池先生，實現願望的祕訣，就是：珍惜自己、做一些讓自己振奮的事、不想做的事就不要做，對吧？」

的確，以前宇宙先生也說過：這年頭，將自己的感受放在第一順位的人越來越多了。

呃，這樣想當然沒錯啦，可是！
搞不好會不小心取消整筆正式訂單喔。

取消整筆正式訂單？

打個比方好了。
剛剛我也說過，
人類對負面能量很敏銳，
而且會下意識地避開負面能量！
「只要說五萬次謝謝就能換來好運，好像很棒耶！
可是感覺好麻煩，我不想做，算了。」
「剛剛腦中靈光一閃，突然好想去那地方看看，
可是我不想去，算了。」
「提不起勁，全部臨時取消好了。」

難得得到提示卻不執行，
放任自己遵循消極的處事方針，
導致取消越來越多訂單。
這些「放棄的念頭」，並不是珍惜自己，
而是對宇宙「消極擺爛、不負責任」！

不要以爲肉眼看不見「靈性」，就不必放在心上；相反地，人必須對自己的宇宙所發生的事情，負起責任。

不過，很多人一聽到「責任」兩字，就感到害怕。

是啊，這也是人類的誤解所造成的。

誤解？

責任的重點在於：對「誰」負起責任。
如果是對自己以外的「其他人」負責，
「責任」就會變得很沉重，變成痛苦的重擔。

對「其他人」負責，就是「貫徹義務」，對吧？

你說的也沒錯。
比方說，在職場出包的時候，必須對誰負責？

我第一個想到的，就是對公司跟客戶負責。

才不是咧！

無論是成功或失敗，自己選擇了什麼、做了什麼，

該負的不是對別人的責任，

一切都是對「自己」的責任。

所謂的責任，就是

「自己的人生自己負責」，

它應該是自由的象徵才對。

聽你這麼說，也難怪人會害怕失敗、害怕行動了。

對吧？

不過，這麼想就錯了。

事實上恰恰相反！

「為自己的人生負責，

以某種意義來說，就是擁有完全的自由」。

就算失敗，就算結果不如預期，

只要明白「自己的人生與行為，自己負責。

我一定要負起責任，讓自己幸福！」

就沒有什麼好怕的了。

相反地，若是被別人牽著鼻子走，或是顧慮他人觀感，

就會認為：

「要是不順利，到時不就糗了？」

「我得對他（她）負責才行啊……」

這樣不僅痛苦，負擔也會變重。

說到底，人哪有辦法對別人負責呢？

從今天起，戒掉「當悲劇主角的習慣」！

多虧宇宙先生的魔鬼訓練，現在的我不需要被打屁股，就能每天開心、雀躍地行動、行動、再行動了。

別看我現在很爭氣，我以前也喜歡沉溺於不幸之中，長久淪爲悲劇主角——不對，配角——不對不對，我以前根本是跑龍套的角色嘛！

這種麻煩的毛病，我稱爲「不幸症候群」，偏偏它又像打不死的蟑螂一樣難纏，對宇宙訂單造成嚴重妨礙。

患有「不幸症候群」的我，到底是怎麼擺脫兩千萬負債的？簡單說，就是我不再癱倒在舞臺正中央的聚光燈下，哭喊著：

「人家真的好不幸唷，嗚嗚嗚～」

你說怎麼戒掉的？其實……就是下定決心「戒掉」，如此而已。

不再哀嘆自己的不幸，轉而將注意力集中在「幸福」與「正能量」。

不抱怨、不說別人壞話，整整一個月都反覆說著「謝謝」，一個月過了，「那再試一個月吧」「又過了一個月？再一個月！」久而久之，就變得與不幸完全無緣，心想：「不幸是什麼？能吃嗎？」

「我真的好痛苦，簡直走投無路，不知道該怎麼辦才好……」如果這是你的心聲，我想告訴你：

「接下來一個月，請你試著完全不抱怨、不說別人壞話，全心全意說『謝謝』。」

一個月唷！不可以說壞話，也不能說負面的話，一個字都不行！如果不小心說了，就重新再試一個月。

在這反覆嘗試的過程中，不知不覺間，你早已擺脫「不幸症候群」，整個人煥然一新了。

呵呵，人類的「不幸症候群」，就是這麼難纏啊……

卷二

•

「煩惱的機制」

第三章 教導人類突破「心靈偏執」

如何改造「喜歡自尋煩惱的人」

人類一旦染上自尋煩惱的惡習，那就麻煩了。才剛解決一個煩惱，他們又立刻找到另一個煩惱。

所謂的「自尋煩惱」，就是「把寶貴的人生都耗費在煩惱上」。人類會將煩惱當成不行動的「藉口」。因為只要把人生都花在煩惱上，就不需要行動了。

有些人會說「我現在有煩惱，哪有心力行動」，不過，其實只要開始行動，很多煩惱就煙消雲散了，因為煩惱是沒有形體的。

好不容易少了一個煩惱，能稍微喘口氣了，結果又馬上跑去找下一個煩惱——看到這種人類，務必立即用紙扇制裁。煩惱只是懶得行動的藉口，務必使人類回歸正軌，在人生中盡情行動。

如何改造「喜歡把自己當成八卦新聞主角的人」

在資訊爆炸的現代，很多人有種奇怪的癖好，就是喜歡豎起耳朵偷聽別人的宇宙發生什麼事，然後為對方心痛難過、一把鼻涕一把眼淚、大聲批判、怒吼。

隔壁的宇宙比較藍，隔壁的宇宙也比較恐怖。

過於投入別人的宇宙，別人吃麵你卻跟著喊燙，會發生可怕的事情。

怎麼說呢？因為人一旦覺得「那個事件的被害人好可憐」「那實在太可惡了」，就會逐漸忘記自己該做的事，導致行動停擺。

尤其是社會案件或醜聞之類的負面消息，聽得越多，越容易覺得「這種事也會發生在我身上」。不僅如此，類似的事情聽多了，還會把別人的悲劇當成自己的悲劇。

「那簡直天理難容！」心中的憤怒變成宇宙訂單，導致天理難容的事情一再發生在自己面前，一發不可收拾。

如果人類觀看八卦節目與新聞時，懂得保持安全距離，倒是無傷大雅；反之，若出現入戲太深的傾向，務必及時點醒，令其「抽離」。

如何改造「想報復父母的人」

人類的靈魂，都是由宇宙選上、疼愛、孕育而成的，而地球上的父母、兄弟姊妹、家人，也無一不是宇宙所選中的「靈魂菁英」。

因此，靈魂們應該珍惜彼此，畢竟大家都是「宇宙暫時託付給地球」的靈魂。

然而，人類一旦在地球出生，就忘了這件事情，傾向將自己在地球上的任務推給最先遇到的「父母」。

想要什麼就哭著討，自己不能動所以就要求父母行動，仰賴他們幫自己達成願望。

以某種角度來說，這稱得上是完美的訂單達成系統，但需要注意的是：這套系統也很容易生產出只會重複同一套動作的機器人。

小孩一旦產生了自我，這套下訂單的方法，就會受到原生家庭的環境所影響。

家庭的「心靈偏執」會在無形中傳達給孩子，形成惡性循環，導致對訂單造成限制。

假設母親在成長過程中沒有得到足夠的愛，便很有可能難以對自己的小孩付出關愛。因為，人類只能用自己被愛的那套方法來愛人。

渴求愛卻得不到想要的關愛，孩子會將這種情形解釋為「爸媽不愛我，爸媽不需要我」，因而鬱鬱寡歡。即使父母只是不知道該如何表達關愛，小孩還是會因此失望。

經年累月的失望，終於變成了仇恨。

「都是因為媽媽不愛我，我才成不了大事！」

「都是因為父母不愛我，我才會過得這麼悲慘！」

他們不斷把錯怪到父母頭上、不斷鑽牛角尖，意圖進行一場扭曲的復仇。

別忘了時常告訴人類，人本來就擁有自己下訂單、自己行動、自己實現願望的能力。

每個被選來地球的靈魂，都擁有這種能力。

願望沒有實現，只是因為人類放棄持續下訂單與行動，並非運氣不好或沒有能力。

務必耳提面命，讓人類過得比父母更好。

妨礙訂單實現的「心靈機制」

在廣大的宇宙之中，我們每個人都擁有自己的宇宙，而連接宇宙的管道之中有靈魂，也有掌管人類行動與生命安全的心靈。

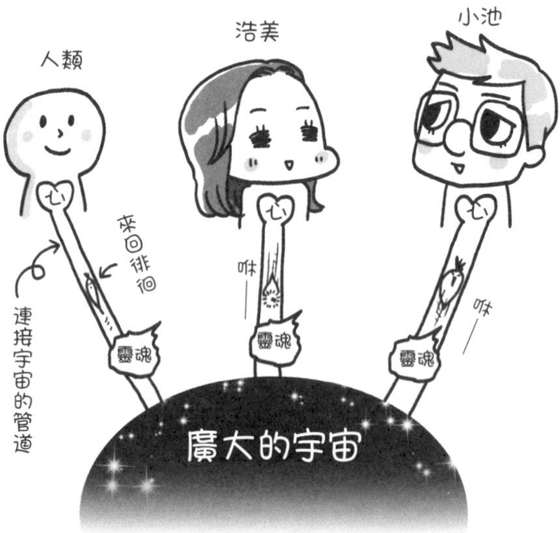

有一點很麻煩，那就是心靈為了保護身體的安全，非常擅長躲避危險，而且擅長得不得了。

我們的靈魂降生在地球時是一張白紙，我們暫時忘記了原本的任務，這樣才能在地球盡情行動，來一場大冒險。

當人呱呱墜地，會先四處摸索，找出確保生命安全的方法。用肉眼觀察、用心察言觀色，在這個地球上，什麼是安全？什麼是危險？什麼是喜悅？什麼是悲傷？心靈會逐一感受，逐一過濾。

然而，如果家裡一點都不安全，心靈就會啓動防衛機制，變得更加小心翼翼、採取保守策略。

最容易影響人類的就是原生家庭。

換句話說，就是人類出娘胎時最先看到的那批人。

他們可能是母親，也可能是父親；

家庭是人類在地球上的第一個「社會」，

人類就在這之中學習「保命之道」。

照理說，這套模式可以幫助人類在地球生存，
並充分享受在地球行動的樂趣，不過，說麻煩也是挺麻煩的。
因為，在小孩長大獨立之前，父母的價值觀與家庭環境，
將人大影響當事者的求生本能。

原來如此！也就是說，
本來人類只要無條件地輕鬆享受一切就好，
「哇賽，好好玩喔！」
「哇賽，我一定要試試看！」
但是為了保障身心安全，
心靈只好啟動防衛機制，
磨練自己對負能量的敏銳度。

你說對了。

因此，小時候的生長環境越是險惡，人類就會對危險越敏感。

這裡所說的「危險」，以人類而言，並非指「躲避掠食者」之類的迫在眉睫的危險，而是在心理層面上迴避危險，以順利長大爲首要目標，好在人類社會生存下去。

比如說，小孩無法自食其力，因此必須看父母臉色過日，從父母身上學習生存之道。

換句話說，在小孩發起行動體驗之前，已經受到了父母的思維與經驗的影響。

假設母親年輕時想當偶像歌手，於是上東京想圓夢，卻無功而返。

那麼，她可能會向幼小的你強調：「夢想不能當飯吃，做人還是腳踏實地吧。」

這種思維會烙印在你的風險迴避機制，仔細寫下註解：「原來追夢是很危險的。」

此外，若是父親很凶又嚴格，你的風險迴避機制就會設定爲：不要惹父親生氣。

這套風險迴避系統大概在十歲左右便發展完成，編寫在「爬蟲類腦」之中，此後除非發生什麼重大事件，否則不大有機會改寫。

蜥蜴一旦遇過危險，以後就不會再走同一條路。因此，人腦中負責管理風險規避的部分就稱爲「爬蟲類腦」。

風險規避機制對小孩而言是必要的（爲了保護自己），不過麻煩的是，即使當事人已能自立更生，同樣的機制仍然持續運作。

是的，假設你「無論多麼想實現訂單、多麼想改變人生，還是馬上被打回原形」，或許，那是你小時候爲了生存而編寫的「風險迴避機制」惹的禍。

為什麼要用「謝謝」改寫潛意識？

這套風險迴避機制含有生存相關的重要資訊與經驗，同時也含有「無法輕易改寫的」棘手特性。

如果你曾心想：「奇怪，我以爲很危險，結果還挺安全的嘛！還是走走看這邊好了。」不料身體卻無法動彈，恐懼感卻仍然揮之不去，原因就在這兒。

沒錯，如果不處理爬蟲類腦，

就算你大喊：「喔耶！這下子我的願望就成真啦！」

還是不會行動、辦不到，因此訂單無法實現。

難怪會有人抱怨：「根本沒有實現嘛！小池！

王八蛋，給我出來！我要揍死你！」

才沒有這種人啦！

話說回來，既然無法輕易改寫，那該怎麼辦才好呀？
看來，如何才能更自由地下訂單、自由行動，
就是這項議題的重點囉。

這倒是有幾個方法！
小池目前做的心理治療，就是其中之一喔。

爬蟲類腦無法自己輕易改寫，不過，只要向擁有專業知識與能力的心理治療專家求助，就能將小時候的「危險」改寫成「安全」。

除了向專家求助之外，其實你也能自己一點一滴改變，那就是——

專注於目前擁有的一切與成就，然後對一切表達感謝。

我個人認為，門檻越低越好。

任何習以為常的小事、任何芝麻綠豆般的成就，你都應該試著開口對它們表達感謝。

「啊，扭開水龍頭就有水，謝天謝地。」

「啊，今天也是晴空萬里的好天氣，謝天謝地。」

「啊，今天我也是在能遮風避雨的房間醒來，謝天謝地。」

「啊，我有衣服穿，眞是謝天謝地。」

如上所述，請練習停止專注於「危險」，而是專注在目前擁有的一切與成就。

而你，也可以藉此練習將重點放在現在，而不是陷在過去走不出來。

這項練習，將有助於改寫深植心靈的潛意識，讓你知道：「今日所擁有的安全與幸福，並非來自於過去的自己，而是現在的自己所打造的；現在辦得到，以後你也辦得到。」

點一滴累積起來，效果可是十分驚人的。

爲什麼「謝謝口頭禪」能幫助你成功？因爲它將烙印在你心底的「不安」與「危險」，改寫爲「我不怕」，而且還有助於轉移注意力，讓你不再專注於危險。這就是我現在的想法。

按下「煩惱遙控器」的停止鍵

人類是　種會不斷煩惱的生物。

人類的本質就是如此，而這是因爲我們容易偏向負面思考。在前面的章節中，我已經說明過它的成因，實不相瞞，我有一項「終止煩惱的祕訣」，在我還債的過程提供不少幫助。

所謂的祕訣，就是一旦有煩惱，就動起來。

用行動消除煩惱！

人停滯下來時，好像多半都是在煩惱耶。

原因很簡單，

因為有了煩惱，就不必行動了！

也……也是啦。我也是一煩惱就被打屁股、一煩惱就被打屁股，

只好採取行動，人一動起來，就沒時間煩惱了……

是啊，你還不快點謝我！

不行動，願望就不會實現；

明明心底有數，卻還是不行動。

因為不行動，所以願望沒有實現，於是開始煩惱。

因為開始煩惱，所以還是不行動。
到頭來，不僅沒有下訂單，也沒有採取行動！
難怪無法引發奇蹟。
……不過，「不引發奇蹟」的訂單，
宇宙已經完美地幫你實現囉！

嗚啊啊啊，聽了好刺耳，可是聽起來怪懷念的！

話說回來，「我非改變不可！」，或許也是一種鑽牛角尖的想法。
我認爲，就算沒有成就任何事，只要現在過得夠幸福，就表示你在地球已經玩得很開心了。

「才不是咧，小池先生。我就是想改變，才會開始煩惱啊。」

如果你這麼想，不妨想想看。

你覺得煩惱消失後，會發生什麼事？

如果現在所有的煩惱，一瞬間全部消失，你會怎麼樣？

拿我自己的經驗來說，當初每天被債務追著跑，早上睜開眼睛想的第一件事就是：

「呃……今天要還哪家的債務？先還A？還是還B？」煩惱多到想不完，腦袋一個頭兩個大——工作倒是很閒就是了。

不過，還清債務後，我的事業也步上軌道，可以盡情在客人面前暢談宇宙眞理，無事一身輕。你們猜，接下來怎麼了？

答案就是：

我變得超級「閒」！

儘管生活比背債時還忙碌，我卻變得超級閒的。

那一剎那我才明白，人類的「閒暇」分成兩種。

一種是身體的閒暇，另一種則是心靈的閒暇。我現在充分享受的，正是心靈上的閒暇；心靈一旦閒暇，人類會怎麼做呢？答案又分成兩種。

種是：

利用閒暇，盡情做自己喜歡的事。

另一種則是：

反正很閒，就來尋找新的煩惱吧！

人類會從這兩種當中，選擇一條路。

你呢？你會怎麼做？

很多人聽了這問題，整個臉都垮下來呢。

那還用說！
可能是不行動所以很閒，於是開始煩惱；
也有可能是害怕閒下來，所以煩惱。
煩惱解決後，就去尋找下一個煩惱。
然後還是不行動。
這豈不是本末倒置到極致嗎？
對這一段感到心有戚戚焉的人，現在馬上捫心自問：
「如果所有的煩惱都在一瞬間消失，
你能馬上放手去做自己想做的事嗎？」
如果答案是YES，
不妨想像一下自己心無罣礙、想做什麼就做什麼的模樣，
就算現在有煩惱，也應該馬上動起來！

如果答案是NO，就應該斬斷煩惱的循環。接下來，我想請各位想像一下這畫面。

你手上有一支「煩惱遙控器」。那是一支電視遙控器，上面有播放鍵與停止鍵。不知怎的，你家的電視壞了，老是自動把你的「煩惱」播放出來，而且影片一大堆。

一旦「煩惱」開始播放，你就在心裡按下停止鍵。

然後在它重新自動播放之前，搶先展開行動。

人類這種生物，只要開始行動，就沒空煩惱了。因此，你必須持續展開行動，讓自己沒空煩惱；如果腦中又開始播放煩惱，就立刻按下停止鍵。請反覆嘗試看看，直到習慣為止。

此外，一閒下來就立刻說出「謝謝」「我愛你」，也同樣效果絕佳。如果習慣在腦袋閒下來時安插「正能量口頭禪」，就能阻止自己下意識地尋找新煩惱了。

人無法邊行動邊煩惱，同樣的，人也無法在說出「謝謝」、「我愛你」之類的正能量話語時煩惱，這就是人類。

「覺得幸福總是離我遠去」也是一種「心靈偏執」

有一位讀者問我：

「我越是祈求，心裡越是不安。總覺得目前擁有的幸福，總有一天會消失。」

其實，這份不安，是心靈防衛機制所引發的反應。

因此，這都是正常反應，而且非常重要。

這些反應，多半是因爲小時候你看著父母親的狀況，下了某個「決定」。

比如說母親以前吃過很多苦，或是原本很幸福，卻因爲某件事搞得家裡天翻地覆，

由於你非常尊敬、深愛母親，因此在心底烙下這麼一段話：

「幸福是無法持久的。與其擁有之後又失去、受傷，倒不如不要行動，不要追求幸福。」

即使長大成人，你還是無法擺脫這觀念。
導致「明明想得到幸福，卻無法行動」，因此痛苦不已。
因爲你非常深愛母親。
看著不幸福的母親，你那顆幼小的心靈認爲：
「媽媽好可憐。我怎麼可以過得比媽媽還幸福呢？還是不要好了。」
因此，你認定自己不能比母親幸福。

在心理學上，這稱爲「對父母效忠」。
對父母的生存方式獻上最大的敬意，結果在不知不覺中，自己也避開了獲得幸福的可能性。
因此，如果你「一旦想追求幸福，心裡就感到惴惴不安」，有可能是你還在對過去不幸福的父母效忠。

這個嘛，地球的嬰兒生下來就是一張白紙，
父母掌握著嬰兒的生死，所以會變成這樣也不奇怪；
不過，其實不必如此拚命地渴求愛、擔心別人不愛你，
因為人類生來就得到宇宙滿滿的愛，以及滿滿的肯定。
為什麼要煩惱呢？其實在宇宙中，
當問題產生的時候，
解決方案也誕生了。
就是因為你想著「這問題根本沒辦法解決吧？」
才會產生煩惱，導致不行動。
但是呢，宇宙早就有解決方案了啦，之前我也說過啊。
所以，人才會不面對解決方案，故意視而不見啊。

沒錯，因為一旦找到解決方案，
就得在閒暇時朝著幸福前進不可啦。
可是，心底也會同時產生反彈，抗拒自己得到幸福。

如果陷入這種情況，可能很難靠著自己脫離泥沼。
這種時候，我推薦各位試試一種心理練習。
我本人也經常在演講時表演這一段，聽眾們每每看得眼睛一亮，整張臉變得神采奕奕。
接著，再將心靈「清潔」一番，就能提升向宇宙下訂單的能力。

哎呀，話說回來，人類也真不簡單。
為了打破瓶頸，
人類居然能靠著自己的力量研究心靈，
發現「宇宙輸送管清潔法」！
這一招，應該很適合那些越是下訂單，
越是心力交瘁的人喔。

我也是在學習心理學的過程中，
意外發現自己向宇宙下訂單的能力變強了。
想徹底清潔現代人的宇宙輸送管，
果然少不了心理練習！

以下，就是我在講座上所分享的「宇宙輸送管清潔法」。
首先，請坐在椅子上，閉上眼睛。
慢慢深呼吸，將注意力集中在「當下」與「自己」。
接著，請一點一滴倒轉時光，想像自己回到了小時候。
三歲？五歲？你的直覺，會告訴你是哪一段時光。
然後，請繼續閉著眼睛，想像父母就站在年幼的你面前。
請在心中，對爸爸、媽媽說出以下這段話。

「爸爸、媽媽，
如果我變得比你們還幸福，
你們能接受嗎？」

「爸爸、媽媽，
如果我賺錢賺得比你們還輕鬆，
你們能接受嗎？」

「爸爸、媽媽，
如果我能輕易得到別人的愛，
你們能接受嗎？」

你想像中的父母，臉上是什麼表情呢？
你的心，產生了什麼樣的變化？
請試著感受一下。

無論腦中浮現什麼，都沒有好與壞的差別。
請你專心感受，試著接受它。
然後，再說出以下這段話。

「爸爸、媽媽，
你們是最適合我的父母。
我身爲你們的孩子，
尊重你們的人生。」

有些人可能會覺得爸媽一路苦過來，實在很可憐——但那是「心靈」的看法。換成「靈魂」的角度來看，就會發覺他們選擇在那樣的環境活出自己的人生，是十分值得欽佩的。

「尊重父母的人生」與「珍惜自己的人生」，兩者密不可分。就是因爲心靈下意識地「對父母效忠」，你的「心」才會認爲「父母不幸福，自己也不能追求幸福」。

接下來，請用這句話爲這段練習劃下句點。

「**我（身爲你的小孩），尊重自己的人生。**」

你的心，產生了什麼樣的變化？

請試著感受一下。

這段練習同時也是對自己的心靈喊話，能幫助你不再效忠於小時候的父母，進而尊重父母的人生，走向自己的人生。

無論父母的人生過得多麼辛苦，如果你覺得他們背著重擔活下來「很可憐」，那就是用「心靈」的角度看事情。換成「靈魂」的角度一看，就能發現父母的人生「眞是充滿挑戰性」，如此一來，你才能對他們的人生獻上最大的敬意與尊重，自己的心也會輕鬆許多。

儘管小孩覺得父母過得很辛苦、很不幸福，

但別忘了，他們可是為了體驗那些事，才來到地球的。

他們果斷地大步邁進，走出自己的人生，品嚐自己的故事。
在地球學到許多道理之後，又回到宇宙去。
與其同情他們，覺得他們「很可憐」，
或是想「改變他們的人生」，
倒不如由衷欽佩，在一旁默默守候就好。

所以囉，根本不用故意追求不幸，
來表達自己對父母的忠誠或是愛呀。

沒錯。如果小孩愛父母，更應該好好享受自己的人生。
此外，無論小時候父母過得多麼辛苦，
父母是父母，我是我。
告訴自己：「我要幸福過日子」。
這麼一來，現實就會一點一滴改變了。

對「社會新聞」入戲太深，會發生什麼事？

一連上網路、打開電視，會發現這世上充滿了悲慘新聞與惡劣案件，一秒瞬間出現在你眼前。這些東西，都會影響到宇宙訂單。

因此，我完全不看報紙、八卦節目跟新聞。

當然，我是指我個人啦。

這個嘛，畢竟你光是享受自己的宇宙，就已經夠忙啦。

不過，還是有很多人對這類資訊上癮。

藝人出軌、詐騙案件、各種社會新聞⋯⋯

過度關心別人的宇宙，別人吃麵你喊燙，

喊著喊著就踏進墳墓裡了⋯⋯是因為太閒嗎？

應該不是因為太閒，

而是只要帶著智慧型手機，就很難不看到這些新聞。

看著八卦節目或新聞事件的慘劇，人難免會產生共鳴，心想「世界上就是會發生那種慘劇」，導致不小心代入自己的角色，認爲「我的人生也會發生那種事」。

越是批判新聞報導，就會變得越喜歡批判社會，甚至認爲自己總有一天也會受到批評。「唉，人要是失敗了，就會被批評、否定。」這種想法會在你心裡生根，使你開始害怕失敗、不敢失敗。

不僅如此，看著世界上的慘劇，你可能會心想：「比我慘的人多的是，我已經過得不錯了。」因此對自己設限，不好意思放膽追求幸福。

沒錯，從各方面來說，新聞都會使自己充滿負能量。

這個啊，算是「夢想殺手」之一，

專門拔除人類實現夢想的力量。

如果你真心想改變人生，重點應該放在自己身上才對吧？幹嘛管「其他人」做了什麼事啊！

德蕾莎修女的名言是：「我不參加反戰遊行，但我樂於參加倡導和平的遊行。」這句話我聽了有如醍醐灌頂，眞想大叫：「Bravo！」

對戰爭發起反戰遊行……這樣的行爲，無異於在許多人的宇宙中烙下戰爭的印記，彰顯戰爭的存在。

這使我開始思索，應該在自己的宇宙留下些什麼呢？

自己的宇宙自己負責，不應該刻意讓它接觸負能量。

我認爲，人平常看到、聽到、感受到的一切能量，都應該自己負起責任，嚴加把關。

當然，我並不認爲幫助有困難的人、參加志工活動，都屬於負面行爲。

藉由新聞得知國國際情勢與國內政治現況，說起來，當然也很重要。

因此，當然也沒有所謂的對與錯。

我想強調的是，如果沒有電視與網路，你就不會接觸到那些負面資訊，因此不要照單全收、入戲太深，不要被資訊所蘊含的能量牽著鼻子走。

第四章

教導人類處理「心靈剎車」

如何改造「看到綠燈也踩煞車的人」

人心的構造是非常複雜的。

而麻煩的是，心靈很愛說謊，甚至連當事者自己都察覺不到。心靈說的謊，輕易就能騙過當事者的思緒。

因為心靈的使命就是保命。如果當事者突發奇想：「好，我來打老虎好了！」心靈會立即阻止，使當事者無法輕易那麼做。

人類在生命過程中所學到的「好危險喔」「好可怕唷」等防衛機制會全部變成煞車，無論綠燈多麼閃亮，煞車還是會踩到天荒地老，簡直麻煩透了。

如果人類想行動卻感到動彈不得，教他抽點時間與自己對話，告訴自己：原因就在自己身上。

到底自己對什麼感覺到恐懼？是什麼東西啟動了心靈煞車？理智告訴人類「好想去做那件事」，心靈卻說「萬萬不可」，究竟「那個阻礙」是什麼？務必教人類仔細想想。

對自己的身體以及隨身物品發問，然後接納它們所發出來的「聲音」，久而久之，人就能越來越明白自己的「內在」想表達什麼。

如何改造「不敢做自己的人」

人類是一種非常在意「他人目光」的生物。

明明活在「自己的宇宙」裡，卻異常害怕做自己。

如果不敢做自己，就會失去自己宇宙的掌控力。人應該注意「自己想怎麼樣」，而不是「在別人眼裡看起來怎麼樣」。

因為「在別人眼裡看起來怎麼樣」「被當成什麼樣的人」，都只是別人的看法。那是別人從人生經歷中所定義的「成功」，可是別人的「成功定義」，根本不適用於自己的宇宙，人類務必要認清這點。

人類應該不時反思，「那是我自己的願望嗎？還是我只是想符合別人的期望？」。

舉個例子，「想被當成有錢人」跟「想當有錢人」，意義可是完全不同的。

如何改造「愛找藉口的人」

帶著心靈與身體來到地球的人類，如果成長過程中沒有得到足夠的愛，就會喪失對宇宙下訂單的活力。

因為，愛就是人類的汽油，是動力的來源。

整天抱怨「都是因為父母不愛我，我才過得這麼慘」，主動逃避實現訂單，一副要藉此報復父母的樣子。

他們表面上用「年紀大了」「沒有錢」「還有小孩要養」來當藉口，但真正的原因，其實是心裡害怕。

話說回來，「我小時候沒有得到愛，所以無法愛人、也無法被愛，只能一輩子不幸」，說穿了只是「心靈」的看法罷了。

換成「靈魂」的角度來看，那些自覺不被父母所愛的人，其實也是被宇宙所選、被宇宙所愛，是獨一無二的存在。

「心靈」覺得「不被愛」，因此原地停滯；「靈魂」是「被愛的」，所以想動起來。「不想動」與「想動」互相拉扯，結果累死自己。

人類必須想想，眼前的問題是「心靈」的問題呢，還是「靈魂」的問題。

此外，時間的流向，是從未來流向過去的。就算過去不被愛、過去不順遂，只要抓住未來出現的提示就好。

人心很愛說謊

「我很想用行動爭取幸福，卻踏不出第一步。」

「明明在做自己喜歡的事，卻好像無法大步邁進。」

此時，我希望各位稍微懷疑一下：這份訂單，真的是你想要的訂單嗎？

因為人心可是很愛說謊的！

而且，人心還會一找到機會就想偷懶，

可惜啊！[1]

……………（好老哏！）嘀咕嘀咕。

1 出自於日本搞笑藝人波田陽區在二〇〇四年起爆紅的搞笑段子。

誠如宇宙先生所說，有些人說「人心不會說謊」，但其實人心是很愛說謊的。

原因之一，在於心靈的結構。

心靈，比我們想像中更加懶惰。

說起來，心靈就是大腦所發出的訊號。心靈不斷運作，對人體發號施令，促使人類行動、生存。

心靈在睡眠中也會持續運作，而休息時，則立刻進入怠速熄火狀態。沒錯，就跟路上的公車一樣。

因此，如果沒有認真設定好目標，心靈就會進入怠速熄火狀態。

既然心靈是大腦所創造的訊號，當然也會想盡量休息，於是開始說謊、找藉口。

從某種角度看來，其實很正常。畢竟我們人類跟體力無限的宇宙先生不同，在地球上只是一具皮囊，所以還是得休息才行啊。

只是，有時即使人眞的想做某件事，大腦還是會阻止身體行動。每個人的原因不盡相同，但多半是因爲下意識啓動了風險迴避機制。

接下來這項練習，能幫助各位了解原因爲何。

爲什麼「身體沉甸甸的，動彈不得」？首先得練習問問身體。動彈不得的身體，一定知道答案。

人得到宇宙的提示之後，想動卻不能動，問題就出在「身體」。「身體」藏有更多提示，請對動彈不得的「身體」發問吧。

如果「身體」有嘴巴、能說話，它會說什麼呢？

「身體啊，我下了訂單、也得到提示了，可是動不了。

身體啊，爲什麼動不了呢？」

運用類似的句型向身體發問，然後不要急，慢慢傾聽「身體」的聲音。

「還不都是因爲◯◯。」身體或許會回答得很具體喔。如果你感受到某種直覺或感覺，那就是身體的「聲音」。

當然，身體也有可能說：

「不要把錯怪到我頭上好嗎！

不是身體不能動，而是心不想動啦。」

如果得到這樣的答案，請重新傾聽自己的心聲。想像自己身體沉重得動不了，然後說說看以下的話。

「我很害怕。」

「我很生氣。」

「我很難過。」

如果身體或心靈對某個句子產生反應或感到浮躁，或是讓你覺得「就是這個！」，請開口說出「我有這種感覺，可能是因爲……」，接著想想看，底下該接什麼句子才好。

比如說，如果你覺得「因爲我很害怕」接起來很搭，就在「我有這種感覺，可能是因爲……」底下順著說出口。最好不要想太多，想到什麼就說什麼。

比如說：

「我很害怕。如果我過上好日子，心裡好像會有罪惡感，好可怕。」

「我很害怕。萬一失敗怎麼辦？好可怕。」

或許說著說著，你就能找到動不了的眞正原因。

一旦找到原因，請務必告訴自己。

「我會好好聽你說的。該怎麼做，你才不會害怕？」

「我會負起責任，帶領自己往目標邁進。」

然後，請先拋下所有情緒，抱著背水一戰的決心，往前踏出一步。

話說回來，騎腳踏車時，踩下踏板的「第一踏」也是最沉重的（雖然這比喻有點遜）。因此，請不要責怪動不了的自己喔。

想當初，我也是嚇得兩腳發軟呢。

現在我能大聲地暢談當年往事，但是負債兩千萬……就連我也不可能大喊一聲「好呀！要還就來還！」然後就朝氣十足地邁步行動。

很少有人能一開始就狂衝猛衝，所以先停止責怪自己，從傾聽自己的眞心話開始吧。

若是能與自己好好溝通，應該就能逐漸減輕「動彈不得」的情形。

不要想著「我想當別人眼中的什麼人」，只要想「我想當什麼人」就好

「你爲什麼來地球？」

如果這樣問你，你會怎麼回答？

「呃，我連想都沒想過耶。」你會這樣回答嗎？

「呃，因爲我父母相遇，然後結婚……」還是這樣回答？

我來地球，是為了電爆小池啦！

呃，沒人問你啦！先不說這個了，

說起來，我們會來到地球，

一定是有某些原因的吧？

那還用說。不過，

你們必須先將這些事忘得一乾二淨，
才能在毫無心理準備的情況下
體驗地球的生活。

「那不就沒辦法知道了？」你可能有此疑問，是的，你說的沒錯。

不過，我建議各位刻意思考看看。

宇宙先生總是一臉賊笑地說：「地球是行動之星。」而行動是爲了誰呢？是爲了我們自己吧？

只要你是爲了使人生更燦爛而行動，失敗也不再是失敗，從宇宙先生的觀點看來，失敗不過是「千載難逢的有趣插曲」罷了。

但是！如果那項行動是爲了回應別人的期望，或是因爲在意別人的目光，一旦失敗，可能會大受打擊；就算成功了，也會覺得有點空虛。

這豈不就像是：好不容易來了地球這個遊樂園，你卻把好玩的遊樂設施都讓給其他人玩，太可惜了！

那麼，該如何搶回人生的主控權呢？

不要想著

我想當別人眼中的什麼人，

而是專注於

我想當什麼人。

人類這種生物啊，整天在意別人的看法，
卻對自己的看法跟心靈視若無睹！
好不容易在自己的宇宙當主角，
台詞卻被配角搶走，搞什麼啊！

你現在的主要價值觀，是奠基於別人的期望？還是自己的期望？兩者可是大大不同。

說起來，我不是早就強調千百次，
不能把「達成別人的期望」當成自己的願望！
「願望沒實現沒差，看起來有實現就好」，
這種虛有其表的訂單，能實現願望才怪！
如果沒有下定決心認定「我就是這樣」，
是不可能發生奇蹟的啦！

你說得對。
因此，不能想著「希望別人覺得我是好人」，
而應該重申：「我是好人。」
不能想著「希望別人覺得我很成功」，
而應該重申：「我很成功。」
不能想著「希望別人覺得我很漂亮」，
而是應該重申：「我很漂亮。」

訂單，也可以說是一種「生存方式」宣言。忠於自我的宇宙訂單，力量也更爲強大。

從我的經驗看來，宣言必定會成爲現實！

話說回來，一旦決定生存方式，「夢想殺手」就會冒出來，所以別嚇傻囉。

沒問題！畢竟夢想殺手現身，就表示「機會來了」！

無論發生什麼事，宇宙都愛你「整個人」

改變心態之後，現實還是沒有改變，而且等了老半天還是維持原狀……此時，或許你需要思考一下「愛」。

因爲，或許當你從宇宙來到地球時，負責迎接你的家人——也就是你父母，他們所給予的愛，並沒有充分傳達給你。

宇宙本來就充滿愛的能量。然而，如果人由於某些原因而沒有得到足夠的愛（導致受苦），或是來地球之後心靈嚴重受創（心靈創傷），很有可能會「不再相信任何事物」。如此一來，有可能連自己都不相信自己，當然也不會相信自己的訂單。缺乏誠心的訂單，是不會實現的。因此，你也得不到想要的人生。

這就是那個啊。

從小池所學的心理學觀點看來，

這就是

「藉由自己的不幸來報復父母」。

如果自己過得好，

不就代表以前父母對自己的糟蹋

（事實上只是自己鑽牛角尖），

其實是正確的養育方式？

因為不甘心，所以決定「故意讓自己過得不好」，

故意讓父母看到自己的慘狀，好讓他們心懷愧疚，
藉此懲罰他們。

當事者在不知不覺間，演了一齣復仇劇。
劇本寫得很縝密，但演起來應該很辛苦吧。
這種劇本，根本將人類的被虐癖詮釋得淋漓盡致嘛。
「你看，都是因為你不愛我，我才會過得這麼慘！」
即使他們長大成人，還是會下意識地繼續演這齣復仇戲碼。

這也是人心的複雜之處啊。

就是說啊。人類的「心」，可是讓宇宙傷透腦筋呢。

不過，這種「復仇」，只會發生在
當事者珍惜、摯愛的人身上。
只要察覺這一點，就能察覺到心裡的愛。

為什麼呢？因為，如果隔壁大叔不愛你，
你會想報復他嗎？不會吧？
會走到復仇這一步，
就是因為「愛得越深，恨得越深」。

正是如此。雖然說是「復仇」，雖然復仇者看起來好像都在想一些很可怕的事，但這裡所指的「復仇」，其實隱含的是滿滿的愛。

宇宙先生說的沒錯，我們不可能會對隔壁大叔或火車月臺的陌生人想著「你都不愛我，我饒不了你，我要報仇！」，對吧？

事業快成功時身體就出狀況；對每件事都提不起勁，導致半途而廢；有了交往對象卻自己提分手，或是某天突然不喜歡對方……

那是因爲，你體內有一顆年幼的心靈，衷心期望「我最愛的媽媽能愛我」。

如果你懷抱著一顆受傷的心，我希望你知道一件重要的事。

那就是，
你是個完整的人，
宇宙全心全意愛你。

卷三

•

「金錢的機制」

第五章
所有的財富都是「事先付款」

如何改造「有窮酸癖的人」

要根治人類的「窮酸癖」，最好的方法就是：逼他們貫徹「事先付款」法則。

所謂「事先付款法則」，就是想要錢的話，就得先「付錢（花錢）」。不過，這裡所指的意思並非「我會拚命〇〇的，所以先讓我〇〇再說」，然而不知為何，有些人卻是瑟瑟發抖、涕淚縱橫地「事先付款」。

他們可能擔心的是：「如果錢回不來怎麼辦？」

「花那麼多錢，萬一變得更窮怎麼辦？」

這些想法會變成宇宙訂單，搞不好一不留神，身上就背了兩千萬債務喔。

財富的循環，通常是「發出能量（訂單）」為先，「接收財富（結果）為後」。

此外，很多人搞不懂「散財」跟「事先付款」的差別，但兩者的差距是很明顯的。

了解事先付款法則的人，他們相信「就算沒有從花錢的對象身上直接得到回報，也會從其他地方間接得到雙倍回饋」。

他們相信自己，一定能在最終期限之前得到生活所需的回饋。

反觀散財的人，他們買東西，是為了填補心裡的不安或匱乏；他們想藉由購物來甩掉不安與匱乏的感覺，好讓自己不去想「要是別人覺得我很窮怎麼辦」。

務必徹底教導人類「事先付款法則」，從「花錢」開啟財富循環的第一步。

如何改造「認為金錢很髒的人」

在人類的世界，金錢只是紙張，目的是將財富的能量具象化。宇宙是不需要金錢的，因為開悟的那一刻，宇宙就能實現所有願望。

為金錢賦予價值的，就是人類的靈魂——宇宙。

金錢只是紙片，上頭承載著人類所發出的愛與感恩的能量，在人間來回流動。

很意外的，很多人接受金錢時會感到愧疚，可是一旦心中產生「我怎麼好意思拿錢」的想法，就等於拒絕接收送到身邊的「愛與感恩的能量」。

而且，若是花錢時心懷愧疚，就會使金錢沾附了「愧疚」的能量。金錢是財富的具象化，因此一旦金錢沾上負能量，就不會形成循環，最終導致錢無法回到自己身上。

人類應該接收金錢上頭承載的愛與感恩的能量，每次花錢都在心中默唸「謝謝」，才能形成財富循環。

如何改造「不敢得到財富的人」

金錢是財富的循環。如果因為顧慮他人而不敢多收或拒收，金錢的流動就會停滯。

很多人認為「收下錢，也只有我一個人過得爽而已」，真是天大的誤會。

一個人得到金錢，就能引發財富的循環；家庭中若是有人擺脫窮酸癖，就能開啟財富的循環。

換句話說，跟「不賺錢」比起來，「賺錢」才能使自己跟父母過得好。

如果人類忘記這一點，反而同情起父母（唉，我家沒錢好慘喔，媽媽好可憐），導致下錯決心努力的訂單（看她那麼辛苦，我怎麼好意思過得比她好呢？），那就必須教人類另尋目標。

首先，教導人類下定決心：我要拿錢過好日子。

此外，也必須讓人類了解：你拿了錢，身邊的親朋好友不僅狀況不會變差，反而可以過得好。人生在世，敬佩、信賴與尊重也是很重要的。

想得到錢就先付出錢，這就是「事先付款法則」

「如果想要得到錢，就先要付出錢。」「預支『變成有錢人的自己』。」

我已跟各位分享過自己的經驗，但是很多人說，實際做起來還挺困難的。

想要財源滾滾，有兩項不可或缺的要素。一是「把錢花在開心的地方」，二是「自己『賺錢』給自己花」，兩者缺一不可。

當然，「把錢花在（讓自己或別人）開心的地方」，能使宇宙產生「金錢的流動」，但這只是使金錢自然流動的前置作業，宇宙看重的是「你是否願意負起責任賺錢」。

舉個例子好了。

「啊！好想在這裡花錢喔」
「好想爲了這個人花錢喔」
「可是錢花了就沒了耶」
「萬一之後沒有錢，就得勒緊褲帶了，我不想要那樣啦」

如果你有上述憂慮，請對自己說：

「安啦！
要是真有個萬一，我會負起責任賺錢的，放心吧！
如果經濟上有煩惱，
我一定會想辦法解決的！
包在我身上！況且，只不過是缺錢，死不了啦！
放心吧！」

能不能說出這段話，影響非常重大。

如果能對自己明確說出這段話，代表你百分百信任自己的宇宙。達到此階段，宇宙才能完全解放，發揮無窮無盡的力量。

附帶一提，懷疑能不能拿到宇宙訂單的回饋，等於是心裡想著「要是拿不到回饋就完了」。你覺得宇宙會如何實現這份訂單？當然是「拿不到回饋！完了！」這點你應該已經知道了吧？

所以說，重點是：我們必須抱著「拿不到回饋也沒關係，我已經把錢花在對的地方了」的想法，做好賺錢的心理準備。我們必須相信自己能負起責任，不管有沒有拿到回饋都無所謂。

此外，我在負債兩千萬時，也曾經很怕花錢。不過，自從我下了「花十年還清兩千萬，並且得到幸福」的訂單後，便經常睜大雙眼，四處尋找宇宙發出的提示。

「還有沒有其他賺錢的管道？」

「我能在空閒時做點什麼賺外快？」

「要我開發多少財源都沒問題！什麼事我都願意做！」

「拜託，宇宙先生！快告訴我啊！」

我不時詢問宇宙先生，並確實執行每項提示。

久而久之，我終於了解：

「不用怕花錢，生活所需的錢，一定會在期限內進帳！」

「花了一筆錢，就能得到更多筆錢，不用怕！」

我每天身體力行，對此可說是有「切身感受」。

下訂單、得到提示、付出行動——每日反覆執行，將能使你對宇宙的信任越來越深。

若說有什麼困難的，其實只有「剛起步」最難而已。

對人類而言，開始一項新體驗，可是恐怖得不得了呢！

從宇宙的觀點看來是很扯啦，

畢竟地球這裡可是行動之星耶。

這也是人類的「風險迴避機制」惹的禍吧？

也可以說是人類單純膽小怕事啦。

只要你肯「相信」自己，從現在開始「踏出第一步」，宇宙一定會開心地熱烈為你加油打氣。這是千眞萬確的。

使用信用卡也是一種「預支財富」

最近很多人問我，
「事先付款法則，只適用於現金支付嗎？」
沒錯，信用卡可以分期付款，讓你得到想要的東西。
好好喔，好羨慕喔！
怎麼說呢？因爲我現在還辦不成信用卡，什麼東西都只能用現金買呢。
「我好想趕快變成正常人喔」，不對，我也好想在結帳時說說看「刷卡」喔。
好啦，言歸正傳……
究竟「刷信用卡」算是事先付款呢？還是算負債或浪費呢？從結論說來，刷卡也是
不折不扣的「事先付款」。

因為金錢跟信用卡，都只是紙張跟塑膠而已啊。

重點是上頭承載著什麼樣的能量，對世界發出何種能量。

不過！信用卡固然很容易承載感恩，但也很容易承載罪惡感。

「不小心刷卡了！」

「分期付得出來嗎?!」

「天啊啊啊，不小心預借現金了！」

很多人就是懷著這種想法刷卡，

結果一路走上了小池不歸路。

喂，什麼小池不歸路……

重點不在於現金或信用卡，而是「想要這樣東西的動機」。

比如說，假設那是你「小時候就夢想擁有的車子」，買了之後，你會有什麼變化？你想要什麼樣的變化？

無論是刷卡或付現，重點應該是買到車之後，能不能下定決心「讓自己配得上這輛車」吧？

這筆錢，
是「對自己的投資」，
或是「用來讓自己往後的人生更加璀璨」嗎？
還是說，
是用來「填補自己的匱乏」，
或是「證明自己無論如何努力，終將一事無成」？

這麼一想，即便是買名牌，也有「買來當投資的人」跟「浪費錢的人」兩種差別。
衣服跟隨身物品也一樣，這些東西能增強自己的能量嗎？穿戴這些東西，能讓自己閃閃發亮嗎？能不能清楚分辨兩者的差別，非常重要。

因此，各位不妨停下來用這角度檢視一下，自己過去的花錢方式。

如果抱著這樣的心態刷卡：

「其實我不想花錢，但還是用信用卡撐一下」

付卡費時感受到的就是空虛、厭惡、罪惡感。

此外，如果付卡費時心想：

「唉，真討厭！我不想付卡費啦」

你對宇宙所下的訂單，就是「金錢是個討厭的東西」，

想當然耳，「唉，好討厭喔，我討厭付錢啦」

這種狀況，就會不斷延續下去。

啊，這不就是前陣子的小池嗎？

「可是沒辦法，不刷卡的話，生活真的撐不下去啊。」這時候，你需要改變一下自己的想法。

你必須告訴自己：「哇，我預支了富裕的生活！」「多虧有信用卡，我才能安然睡在有屋簷的房子裡。」

即使是靠著刷卡勉強度日，也要下定決心「擺脫負面循環」！

為了達成這份訂單，你必須逼自己放下身段、嘗試各種可能，並積極行動……我就是這樣逃離負債地獄的。

當然，你還必須下訂單並深信「我在付款期限前籌到了足夠的錢！」，不過，光是這樣是不夠的。

下訂單、相信自己到底，一旦得到「提示」或「直覺告訴你去做什麼」，就立即付諸行動！

「讚啦！這下子我的願望就實現了！」抱著這份想法，開心地嘗試看看吧。

千萬不要對「只能刷卡度日的自己」感到失望。

下訂單、

貫徹信念付諸行動，並且永不放棄。

超越人類智慧的偉大存在，只會對「竭盡所能採取行動的人」伸出援手，發動奇蹟。而竭盡所能採取行動，此時此刻，你就能獨力做到。

「事先付款法則」不只適用於購物

各位知道嗎？其實，事先付款的法則，並不只限於「購物」喔。你爲自己的人生所採取的一切行動，全都適用於「事先付款的法則」。

「在圖書館花時間讀書」

「花錢參加講座」

也都是不折不扣的事先付款。

而財富的循環，不一定是指金錢的回饋。

「有人請我吃飯」

「有人送我一直很想買的桌子」

上述例子，也是一種財富的回饋。

當年我還背負大筆債務時，爲了徹底學好心理學，也是預先投資了一筆學費。債務還剩一大堆，卻花幾十萬參加講座，老實說，我心裡也怕怕的。不過，我同時也感覺到，我對「事先付款」與「預先投資」的付出，宇宙一定都看在眼裡（心知肚明）。

至於你能否從宇宙提取有形、等值的金錢回饋，關鍵在於：你是否能下定決心「接納財富」。

此外，偶爾有人問我：「有時我以爲是宇宙給的提示，結果還是辦不到，難道無法實現願望了嗎？」只要你對訂單的立場夠堅定，提示一定會再出現的。

因此，你必須對提示抱著正向的態度。「我要接納財富！要我做什麼事我都做，放馬過來吧！」

只要心態正確，必要的提示一定會再出現。

宇宙（即我體內眞正的眞正的眞正的自己）所看重的是「心態」。爲了實現願望，你是否願意嘗試任何可能？

在此，我要向大家分享一些心得。這是我個人在「事先付款法則」方面的成功經驗談。

我會具體勾勒未來，
「未來那個實現願望的我，
會有什麼樣的言行？
變成有錢人的我，
過著什麼樣的富裕生活？
我會如何花錢？
花錢時，我會有什麼感覺？」

請想像一下自己實現願望的模樣。
你是否看起來閃閃發光？
是否笑口常開？
是否從不怨天尤人，臉上充滿朝氣？

……奇怪，宇宙先生，怎麼了？你的表情，看起來怪可怕的耶。

喂喂，照你這麼說，
如果「沒有實現願望」，
就不能笑口常開嗎？
如果「沒有實現願望」，
就不能充滿朝氣嗎？
不能不怨天尤人、
對別人好一點嗎？

可以！當然可以！

不管願望是否實現，我們都能笑口常開，對吧？
與其「等到實現願望再笑口常開」，
現在就開心笑起來，不是簡單多了嗎？

搶先笑口常開，也算是一種「事先付款」。
沒錯，「事先付款法則」是無庸置疑的，

只要你笑口常開，願望就能實現。

這就好像盯著鏡中的自己，說道：「欸，你笑嘛，你笑我就笑。」你先笑不就好了嗎？你笑了，鏡中的自己也會笑呀。

不僅如此，最重要的是：「笑」也是一種行動。你現在就能做到，每天都能做到。

僅靠著如此簡單的「事先付款」，願望就能實現喔。

沒錯，先預支「已經實現願望的自己」……換句話說，搶先製造「已實現願望」的狀態，宇宙就會跟上，不知不覺間實現你的願望。

因爲眞正的「事先付款法則」並不只限於金錢，而是「預先領取」「自己實現願望後的言行與狀態」。

預先投資預定成為花藝設計師的自己！

讓小池從負債地獄脫身的「三階段意識變革」

二〇一四年年尾，我終於還清了兩千萬。

儘管花上了九年的歲月，但如今回頭想想，我能完成這本書，都是多虧了「負債大神」啊。

哼，還不都是多虧本大爺派了黑心顧問過去，

你才能成功負債兩千萬，

得到人生的美好插曲。

你可得好好感謝我啊，小池。

咦！那個騙我的黑心顧問……

是你派來的？

我說你啊，
該不會以為「託福使者」全都一副好人臉吧？
太天真啦！
我不是說過，宇宙是超級虐待狂嗎？

一般人常說「要是借了幾百萬消費信貸，人生就完了」，但當時的我完全不知道有這種事，於是借了六百萬消費信貸。

爲什麼我能還清債務呢？這是有原因的。

因為，我將負面的「我受夠負債地獄了」改成正面的「我想看看沒有負債的世界」，毅然決然地告訴自己：「若是不在地球得到幸福，我死不瞑目！」

從我個人經驗看來，真的有非常多人想知道：「我現在就急需一筆錢！該怎麼辦？」回頭想想，與其關注「該怎樣才拿馬上拿到錢」，不如將重點放在「三階段的意識變化」。

我曾經最多一個月還了四十五萬圓。當時不僅得付服飾店店租跟自家房租，而且錢賺越多、保險費跟所得稅就繳得越多，自己當老闆的生活真不是人過的。不過，有一天，我突然察覺一件事。

「咦？現在我每個月要還四十五萬，

這不就代表還清債務後，我每個月會多出四十五萬？」

當時的我，眞是驚訝到筆墨無法形容……然後我浮現一個念頭。

好想見識一下每個月多出四十五萬的生活！

從前的我，只會滿心想著「我受不了負債地獄！」「幫幫我啊！」「救救我！」，每天不斷否定背債的生活。

看到這兒，各位應該已經明白了。「我受不了負債地獄」變成了宇宙訂單，於是「受不了的負債地獄」不斷變成我人生中的現實。

接著，我將「想見識每個月多出四十五萬的生活」的念頭，轉變爲「我絕對要見證每個月多出四十五萬的日子」。我嚴正告訴自己，難得來到行動之星，「若是不在地球得到幸福，我死不瞑目」！

你能在結帳時笑嘻嘻地說「謝謝」嗎？

我一邊還錢，一邊將錢花在使自己感到幸福的事物上，並且嚴守事先付款法則；不知不覺中，每月賺的錢已經多到讓我完全不在意債務了。

結果，債務全部還清後，我每個月都會多出四十五萬以上的錢，現在每天都過著富裕的生活。

此時，我發覺：「其實金錢，就是裝載著富裕能量的紙片」。此外，我也發現，「人類是藉由金錢來交換富裕的能量」。

說穿了，宇宙中根本沒有金錢這玩意兒。

宇宙先生也強調過很多次了。

畢竟，宇宙裡充滿著無限的富裕能量啊。

唯有在地球這顆行動之星，這股能量才能化爲物質，使我們觸摸得到、感受得到。

人類將富裕的能量裝載在金錢這類物質上，然後傳給他人、又從他人手上領取，藉此觸摸、享受富裕的滋味。

人類呀！
富裕的能量就跟河水一樣。
不可以把它堵住！
一旦堵住，能量就會變得混濁、開始腐臭！

能量會腐臭？

無論是金錢或是愛，都跟時間一樣，是從上游流向下游的河水。
如果你把它堵住了，就會停滯在你身邊。
人固然需要學會接納金錢，
但也要學會放開金錢。

放開金錢？宇宙先生，我頭一次聽到這種說法！

意思是說，只在收錢時開心是不夠的，
放開金錢時，也要眉開眼笑地把錢放開！

放手時，應該要想想收錢的人會有多麼開心，
然後高高興興地放手，是這樣嗎？

沒錯。因為宇宙會目睹一切，然後將喜悅增強，
賦予你巨大的富裕能量。

充分接收富裕能量後，接下來應該要將承載富裕能量的物質「釋放」出去。

能量釋放出去後，會流向你周遭的人，進而使你的宇宙進入富裕能量的河流。釋放金錢時承載笑容、感恩與富裕的能量，也是一種事先付款法則。因此，收到金錢或財富之後，一定要開心地釋放出去。

放開金錢後，錢卻沒有回來，到底是怎麼回事？

「小池先生！我遵循事先付款法則，錢還是沒有進帳呀！」

每天都有人問我和錢有關的問題。

每個人狀況各不相同，但如果你每天說「謝謝」、開心地事先付款，「錢卻遲遲不進帳」，或許是因爲財富的循環卡住了。

嗯，那種人啊，

多半是拒絕接收金錢能量啦。
那要怪誰咧？既然拒絕接收，那當然收不到啦。

不不不，這樣不就血本無歸了嗎？總得想想辦法嘛。

首先應該看看，「為什麼」當事者「金錢無法進帳」。

比如說，有些人會說出這類的話：
「反正只是打工，想也知道拿不到多少錢」
「我沒有一技之長，就算找新工作，也賺不到很多錢」
「這一行的底薪太少了！」
但是產生這種想法的根據到底在哪裡？
有些打工族跟家裡蹲，可是一秒幾十萬上下耶。

假設有個打工族從爸媽手中繼承了不動產，那麼「打工族賺不到錢」就百分百不是事實。而有些兼職的人，也靠著少額的副業股票賺到年薪數百萬。

當然，你可能很想反駁：「可是我名下又沒有不動產」，或是「玩股票好恐怖，我不敢碰」，可是，這裡的重點是：機會並不是零。

有時候，那些苦於錢無法進帳的人，特徵也很單純，就是：「周遭沒有有錢人」。

說起來，沒錢的人，通常都跟沒錢的人聚在一起。

嗯，人在自己的宇宙中看到的都是自己，

當然就會把眼前的每個人都變得跟自己一樣囉。

這樣啊。那麼，跟有錢人來往，

就是變成有錢人的捷徑嗎？

沒錯。你必須接觸有錢人的能量。

然後，第一件事就是：

將有錢人的能量披戴在身。

關於這一點，我本人也深有同感。這要從我第一次買勞力士的經驗說起。

還沒出書之前，有一段時期，我會不定期舉辦小規模講座，講述宇宙法則（學員少的時候大概四個人）。有一天，我原本想對大家宣布：

「今年，我一定要買勞力士！」

就在那時，發現眼前有個戴著勞力士手錶的學員，炯炯有神地望著我。

望著那名落落大方戴著勞力士的人，我才驚覺：

「咦？幹嘛要限定今年，現在就能買了啊。」

在那之前，我頂多就是去地下錢莊借錢時，才能見到戴著勞力士的人，而且都是一些有江湖味的人……（悄聲）

根本沒有機會遇到形象光明磊落、落落大方戴著勞力士的人。

後來呢？後來，我馬上就買了勞力士，搖身成爲「戴勞力士錶的人」，從此也見到了新世界。

為什麼你應該跟富裕的人來往

如果現在你周遭沒有很會賺錢的人，那麼，與賺得不多的人相處，或許讓你覺得滿放鬆的。

無論是人或能量，能登上同一個舞臺的，都僅限於同階級、同溫層，而你也只遇得見同階級的人。因爲，在你的宇宙登場的每個人，都是你自己。

到頭來，人類還是同類相吸。
所以，沒錢的人互相取暖久了，
永遠都是一群「沒錢的人」。
不過，若是當中有個人毅然決定：
「我要當個有錢人！」
打算脫離「貧窮同好會」，
那些不想脫身的夥伴們，會想盡辦法把他拉回來。
這也是一種「夢想殺手」。

對耶，常常聽說要是有人想改變，
旁邊的人就會突然吐嘈：「你幹嘛那麼努力啊？」

那也是，常會有很多人故意酸言酸語。
既然要酸言酸語，還不如學本大爺光明正大地說：
「小池，你這個鼻涕蟲、凸肚臍！」

我看你只是想罵我而已吧！

那麼，該怎麼做，才能成爲很會賺錢的人呢？

延續上面的話題，最快的捷徑，就是「與會賺錢的人來往」。

能量會轉移，而宇宙又能增強能量，因此只要與會賺錢的人相處，賺錢的能量就會吸附在你身上。

接著，你就能學習他們的心態。

（A）無論做什麼事，都賺得到錢。

（B）無論做什麼事，能賺到的錢都有限。

無論是深信著（A）或（B），都會成爲宇宙訂單，宇宙會增強它的能量。

宇宙的系統是：你會成就的，是你相信的事，衷心相信的事情，就會成爲事實。

如果有人深信著（B）「無論做什麼事，能賺到的錢都有限」，當然就不會爲了賺錢而付出很多行動。

就算你心裡想著「好想賺大錢來實現夢想」，但是「體內眞正的眞正的眞正的自己」，卻很清楚：

「可是你又沒有爲了賺錢而付出什麼！」

「明明什麼都沒做，卻說什麼『能賺到的錢有限』！」

此外，宇宙所賦予的錢流或財富，並不只限於現金，而是有各式各樣的形式。

比如說，只花五十萬就買到定價一百萬的東西，就代表宇宙給了你五十萬元的臨時收入。

還有，如果你突然患了不治之症，壽命只剩下一天，你願意付出多少錢來延長生命？假設是兩千萬好了（啊，那是我以前欠的錢），那麼身體健康、無病無痛的你，已經賺到兩千萬了。

沒錯，或許你在日常生活中，已經得到充沛的財富能量囉。

賺不到錢的人，以及賺到了也會隨便花光的人

那些經常哀嘆「賺不到錢」的人之中，有些人受到了父母莫大的影響。什麼樣的影響呢？

「賺錢實在太辛苦了。」

「人一有錢，麻煩就來了。」

他們從小就常聽父母吐苦水，聊到金錢是多麼難處理，導致對錢懷有「厭惡感」。

有些人甚至「每次花錢都靜不下心，心裡有股罪惡感」，越是運用事先付款法則，罪惡感便越強烈。

那是因爲小時候看到父母爲錢所苦，心裡便烙印下一種觀念：「爸媽賺錢那麼辛苦，我怎麼可以過得衣食無缺、隨便花錢呢？」

這句話成了當事者的金錢觀，也難怪每次一花錢，就會覺得「我這樣亂花錢，眞是太不應該了」。

在這種情況下，想得到財富的宇宙訂單也很難送出，即使想付出行動賺錢，也容易無疾而終。

因爲當事人衷心想著：

「賺錢實在太辛苦了。」

「人一有錢，麻煩就來了。」

所以，也難怪會這樣囉。

另一方面，有一種人是「明明會賺錢，卻很容易浪費錢」。

「收入不算少，可是就是存不了錢，很容易就把錢花光光。」

在這個案例中，儘管當事者允許自己賺錢，卻不允許自己用錢換來富裕的生活。他們可能在小時候看到父母爲錢所苦，因此內心暗暗發誓：「等我以後賺大錢，就要用錢來拯救爸媽！」

這類型的人，錢賺得越多，他們越覺得手上有錢好像怪怪的，心裡不大舒服——就算長大後不需要直接用金錢資助父母也一樣。

不僅如此，手上一旦有錢，不知怎的，他們就會開始大肆浪費，花錢如流水。

這樣的行爲，或許隱含著小時候對父母的愛。「我要用賺來的錢，拯救媽媽！」他們可能擁有薪水不錯的工作，賺的錢也不少，但「不知道怎麼搞的，手上老是沒錢」，連當事者自己都想不透。

這些全都發生在無意識之間。

它們是烙印在意識深處（亦即潛意識）的「花錢準則」與「金錢價值觀」。

那麼，陷入這種情況的人，該如何得到財富的能量呢？第一步，先檢視父母的經濟狀況，然後再思考、覺察自己繼承了什麼樣的價值觀，平時又是如何花錢。

接著，請務必下定決心，對自己說：

「我可以變得比父母還幸福，沒有關係。
我可以賺錢賺得比父母輕鬆、
過得比他們富裕，沒有關係。」

話說回來，人類對父母也太敏感了吧。
雖然愛是一切的基礎，
但不管是「絕對要賺得比父母多」，
或是「絕對不能賺得比父母多」，
都不是自己的訂單，而是以他人為基準的訂單啊。
這又不是自己體內真正的真正的真正的自己所下的訂單。

我們大多數人在長大的過程中，都變得很拙於接納金錢與財富。
但是沒關係。看看我，不是也鹹魚翻身了嗎！
從現在起，就大方允許自己接納財富吧！

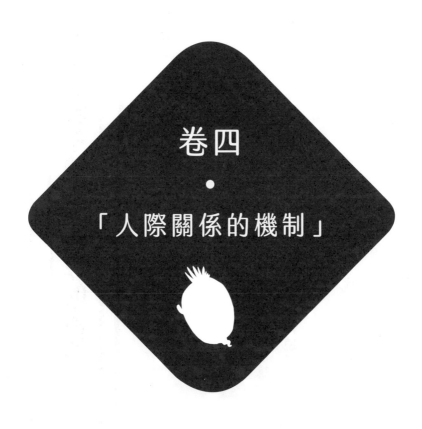

卷四

•

「人際關係的機制」

第六章 如何將愛傳達給自卑的人類

如何改造「自卑的人」

想交男女朋友、想結婚、想認識新對象，都是人之常情。

如果想結婚，就呼喚負責牽紅線的「宇宙媒人網小緣」。不過，除非明確宣布「我要什麼時候結婚」，否則小緣是不會現身的。務必讓人類認真、明確地宣布結婚的期限。

此外，人類做什麼事都喜歡成群結隊，因此若看到一群單身女子（男子）聚在一起取暖，說什麼「我們沒有男（女）朋友，過得也很快樂啊」，千萬要加以制止！

這年頭，很多三、四十歲的人就算不結婚，也能自立自強、活出自己的一片天。以前，結婚生子是人生的必然規劃，但現在就不同了。當今社會靠的是自我實現，自己開拓人生。

這裡需要注意的是，當事者內心真的希望事業有成，然後單身一輩子嗎？如果真是如此，宇宙應該盡最大努力支援。

然而，當事者也有可能其實很想生小孩、建立家庭，卻在年輕時感情失利，導致喪失身為女性的自信，或是不敢再談下一場戀愛，於是只好將心思放在事業上，瞧不起周遭的男性——這就是自卑女子。

另一方面，這些年來男性的思維也產生了變化。

尤其是長久以來的終身雇用制已不再，社會新鮮人的薪水、加薪速度、福利也大不如前，很多男性因此放棄結婚，覺得單身也挺自由自在的。

男性的感情觀變得消極，導致本來應該藉由「讓女性開心來獲得成長」的男性，錯失了成長的機會。

這樣造成什麼結果？男女雙方都無法發掘彼此的魅力，因此製造出一個個曠男怨女，長噓短嘆道：「這世上根本沒有好男人（好女人）！」「我大概一輩子都結不了婚了吧。」

務必讓男人想起自己「擁有讓女人幸福的能力」。只要有心，就能找回賺錢能力、保護家庭的能力，以及讓女人開心的能力。

至於女人，則必須想起「身為女人，自己是值得被愛的」。務必在其潛意識中，重新植入「抓住幸福」的概念。

如何改造「眼高於頂的人」

女人用高標準檢視男人的學歷、身高、年薪，這本身沒什麼問題，但如果自己身上沒有同樣高標準的能量，是找不到條件相配的對象的。

至於男人，如果只愛年輕貌美、身材姣好的對象，自己的能量很可能會被吸光，就像遇到吸血鬼一樣。

話雖如此，宇宙還是歡迎各式各樣的高標準訂單——亦即下訂自己真正想要的對象。

此處所說的高標準，並非指「學歷、身高、收入、外貌、身材」等「社會上所定義的成功基準」，而是希望對方能帶給自己什麼？希望能跟對方過什麼樣的生活？你應該思考自己對理想對象的定義，再向宇宙下訂單。

如果不搞清楚這點，就可能誤入最糟糕的陷阱，要嘛整天等待白馬王子現身，要嘛沉迷二次元女友，[1]務必使人類詳細理解下訂理想對象的機制。

1 泛指動漫電玩裡的女性角色。

如何改造「依戀型的人」

造成男女關係不順遂的另一項因素，就是在成長過程中沒有得到足夠的愛。

「我想要更多愛，為什麼不愛我？」這些缺乏關愛的男女就這樣長大成人，於是渴望從情人、丈夫、妻子身上得到更多的愛。

這樣的行為，導致戀愛變得不像戀愛，反倒像兩歲小孩喊著「媽咪、媽咪」，一邊追著媽媽跑。被追的那方自然會想逃，而且久而久之，也會越來越無法將對方當成成年男性、女性。

宇宙的系統就是會增強那股能量，因此會持續實現「我想要更多愛，為什麼不愛我」的訂單。

解決之道，就是自己當自己的父母。不要從別人身上索求關愛，以撫慰「過去得不到愛的自己」。

理想的父母由自己來當，「當初想被怎麼對待，就這樣對待自己」。

如果「從前沒有得到足夠的擁抱」，就每天擁抱自己，持續告訴自己：「放心吧，我愛你。」

務必教導人類：愛的匱乏，可以由自己彌補；空了一個洞的心，可以由自己填滿。

「這世上根本沒有好男人」是最糟糕的訂單

「小池先生，這世上明明有這麼多優秀的單身女性，爲什麼優秀的單身男性卻這麼少呢！」

這麼一說，確實有很多事業成功、面容姣好、個性也好，年齡在三、四十歲的單身女性存在。

好女人很多，我認同！

可是啊，不努力多認識一些新對象，一群女人整天聚在一起，說什麼「這世上根本沒有好男人啦！」

根本是照三餐對宇宙下恐怖訂單啊！

我看啊，派「小緣」出馬也沒用啦。

的確……如果常常說「世上根本沒有好男人」，就會直接變成宇宙訂單了。

人很容易受到環境以及人群的能量影響。

如果眞的想結婚、想認識好對象，就不應該一群人邊小酌邊說：

「我們長得這麼美，爲什麼老是遇不到好對象呀！」

「這世上根本沒有好男人啦。」

而是應該換一群能跟另一半分享愛與財富能量的朋友，聽聽他們分享：

「我的老公好棒，我好幸福！」

「跟老婆在一起，我總是有無限的能量，而且心裡總是有個聲音告訴我：『我要讓老婆成爲全世界最幸福的人』！」

地球上的每個個體就像磁鐵，會根據能量的強度與性質來互相吸引。因此，如果你想要談一場不會受傷的戀愛、想結婚的話，就應該馬上脫離單身自卑女子聯盟，加入「婚姻美滿人士聯盟」。

當然，我並不是教各位和單身的女性朋友斷絕往來，而是請各位擺脫特定的能量，轉而接觸婚姻美滿的人，讓自己也沾染上那份幸福的能量。

如此一來，「咦？原來也有適合結婚的好對象嘛！」從前你看不上眼的男性，應該就能入得了你的眼了。

成為自己的宇宙史上「最棒最美的自己」

「我對自己的外表感到自卑，無法積極去談戀愛。」

這也是讀者經常詢問的問題之一。《漫畫一看就懂！從負債2000萬到心想事成每一天》當中的主角「浩美」，也有過這麼一段插曲呢。

不不不，鬼扯什麼啊！

「我對自己的外表感到自卑，所以提不起信心。」

根本只是幻想，只是自我逃避罷了！

「呃，可是客觀看來，就是這樣啊。」「大家都說我不好看！」

「從小到大，父母都說我長得一點也不可愛。」

這些話啊，在宇宙眼中連屁都不如。

畢竟，人類的美醜標準深受時代影響，

而且每個國家的審美觀也完全不同啊！

確實，時代不同，美女的定義也不同。

日本人大多覺得骨感的女性比較美，

可是在有些國家，女性可是越胖越有魅力喔！

不要讓別人決定你的美醜，

自己的美醜自己決定！

眞正的問題在於：自己認爲自己「長得不好看」，進而戴上有色眼鏡觀看這個世界，不是嗎？

依據宇宙的眞理，沒有任何標準能判定「你長得不好看，所以很廢」，連一丁點都沒有喔。

此外，宇宙也沒有規定「哪種長相就是美」，完全沒有！

在你的宇宙中，
能決定你的美麗的，
只有你自己。

對男朋友奉獻金錢財物，是因爲你貶低自己，認爲「如果我不奉獻金錢，對方哪會看得上我」。

因此，自己怎麼看自己、如何對待自己，才是最根本的問題所在。

可是啊，有些人會說：
「就是因為我對外表感到自卑，才會貶低自己啊。」

胡說八道。這算哪門子理由啊？
你之所以沒自信，
是因為沒有認真挺自己。
找遍全世界，其實你最希望得到的，
不是別人的支持，而是「你自己的支持」。

無論別人說什麼，
無論別人如何踩你的痛處，
都不可以聽進去。
如果聽進去了，表示：
「你也這麼看待自己」、
「你就是最瞧不起自己的人」。

以前我就說過啦，
地球上的人類（靈魂），生來就是完美無缺的。

父母的標準，不等於宇宙的標準。
社會的標準，也不等於宇宙的標準。

因此，完全沒必要受那些標準影響。
只要下定決心「不接受那些標準」就行了。
然後，請各位看看四周。
所有人的評價，都來白於那張臉嗎？
那些很棒的人，都長得很好看嗎？
靈魂層次高的人，是不會只用外表來評斷別人的。
不過……

「你有沒有好好照顧自己？」

「你是否愛惜自己？」

「你是否想成為宇宙史上最棒最美的自己？」

這些事情，宇宙都看在眼裡。話說回來，你的宇宙中的所有一切都是你，想當然耳，你的觀念，也會在一瞬間傳達給「戀愛對象候選人」，而且是在無意識之間！

如果你不愛惜自己，戀愛對象候選人也會覺得「他大概不會愛惜我吧」。

事實上，不愛惜自己的人，不僅得不到別人的愛惜，也不會愛惜對方。

自己是最重要的，既然連自己都無法愛惜，又怎麼可能愛惜他人呢？

那麼，該怎麼辦呢？首先，請待在自己喜歡的環境。

然後，請絞盡腦汁想想看，「該如何讓自己看起來更好看」？

接著，好好瞧瞧自己不為人知的、美麗的那一面！

把金錢跟時間好好花在自己身上，認識一下「自己的宇宙史上最棒最美的自己」。

懂得愛惜自己的女性，一定能吸引到願意將她捧在手掌心的男性。

為什麼「想跟前男友復合」的訂單，九成會失敗？

常常有人跟我提起單戀的煩惱，也常有人跟男友分手了，卻跑來問我：

「『我想跟〇〇〇結婚』，這樣的訂單能成功嗎？」

只是，如果下了這種訂單，向「宇宙媒人網的小緣」求姻緣，小緣肯定會一個頭兩個大。

一定很頭大啊。
就是因為跟那傢伙在一起
無法「婚姻幸福」，
宇宙才讓你們分手啊。
還妄想什麼復合咧……

訂單會被取消嗎？

取消倒還好，重點是小緣快發瘋啦。
到底是想獲得幸福？還是就算婚姻不幸福，
也想跟那男的在一起？
宇宙根本搞不懂到底哪個才是當事人想實現的訂單嘛！

沒錯，宇宙總是戲劇化地實現眾人的訂單。因此，說起來，「世紀大復合」也不是百分百不可能。問題是，如果你內心認爲「如果不跟他結婚，我就得不到幸福」，那就一切免談了。

小緣說不定會說：「要是把那個超極端的條件拿掉，就能輕鬆實現了說，眞可惜呀！」

如果有人認爲「非那個人不可」，在此，我想請教一個問題。

你眼前有一排水龍頭，數量大約兩千個。

你偶然喝到「右邊數來第五個」水龍頭，覺得水很好喝，因此想一直喝下去，無奈水龍頭卻壞了，水出不來……此時，你會怎麼做？

不僅如此，你還看見其他水龍頭源源不斷地流出清水，說不定某個水龍頭的水也很好喝呢。此時，你會……

儘管「想喝好喝的水」，

「卻只想用壞掉的第五個水龍頭喝水」。

這就是指定對象的結婚訂單。

當然，如果去喝其他水龍頭的水，也不代表第五個水龍頭不會再流出水來，但重點是，訂單的門標是「要喝到好喝的水」。

好了，我要再問大家一個問題。

「跟最喜歡的人共度快樂人生」以及「跟某個特定對象結婚」，

哪個才是眞正的訂單？

潛意識（體內眞正的眞正的眞正的自己）最想實現的，是哪個訂單？

如果潛意識認為「跟最喜歡的人共度快樂人生」是最重要的專案，那麼根據這份訂單，宇宙可能會認定「不要跟那個特定對象結婚，跟別人結婚比較好」。

當然，跟那位特定對象結婚的可能性並不是零，一切依狀況而定。

只是，我希望各位知道：並不是只有「跟特定對象結婚」，才能「度過快樂人生」。

這才是最重要的。

此外，如果有人比那位特定對象還棒呢？比如：

「外表是超級天菜」

「跟你個性超合，也很聊得來」

「收入豐厚，你從沒遇過年薪這麼高的人」

「比你歷任所有對象都更溫柔體貼，對你呵護備至」

這樣的新對象，也有可能出現在你生命中啊。

千萬不能說「可是，我哪遇得到那麼好的人」喔！

「遇不到那麼好的人」這句話，

等於是自己宣告天下：「我是沒價值的人」！

與其熱切祈求宇宙讓你跟「特定對象」結婚，
不如先「讓自己成為有價值的人」！
個性就已經很不坦率了，要是再加上鬧彆扭，那還談個屁啊！
自己的人生自己負責！
自己的幸福自己掌握！
先做到這兩點，再來談其他的！

有了這份決心跟責任感，就算維持單身，也能幸福一輩子。
然後，一旦你能信任自己、對自己的人生負責，就會遇見「使你的人生變得更精彩」的人喔。

說得極端一點，就是：

「即使沒有對象，也能自己過得很好的人」，
能吸引
「使你（的人生）好上加好的人」。

那樣的對象是「打從心底想跟你在一起」，會把你捧在手掌心，呵護備至。

至於要不要選那樣的人當你的人生伴侶，就由你決定了。

請千萬不要自貶身價，說什麼「要是失去他，就找不到其他對象了」。記得，要用選擇伴侶的標準來選對象唷。

請務必記住，你既是「被選擇的一方」，也是「選擇的一方」。

失戀了好痛苦，好想破鏡重圓——如果心裡懷著這種想法，就很容易鑽牛角尖，拚死拚活也要「被那個人選上」。

可是最重要的是，你必須「先選擇自己」。

這麼說吧，你應該先打從心底「迷戀」自己。

讓自己改頭換面，變成連自己都會情不自禁迷戀上的人。

爲此，你必須將精力與金錢大方花在自己身上，善待自己。

如果你想要好姻緣，上述方式就是最佳「捷徑」。
當然，一切都是爲了讓自己「度過快樂人生」唷。

你想像得到的幸福場景，早就是宇宙中的事實了

最近似乎出現很多「疲於婚活[2]」的婚活難民。

畢竟他們的心態都是「世界上根本沒有理想對象」，這也是一種訂單，以某種角度來說，宇宙可是幫他們實現了訂單呢。

這樣說起來，也未免太辛酸了吧。

首先，我想先聲明一件事。無論你找得多麼疲累，未來的伴侶一定會現身。請稍微想像一下。

你現在正跟伴侶牽著手，幸福地散步。

想像出來了嗎？

如果你能想像那幅畫面，表示宇宙已存在這項事實了。

拜託不要說「可是已經分手啦」或是「可是這次又失戀了」！這跟那些一點關係都沒有！小池我在這裡求你們了！

請各位了解，既然你能想像那幅畫面，表示宇宙已經存在這項事實了。是事實喔！

換句話說，從今以後，你還是能找到很多伴侶。

這不是樂觀期待，也不是臆測，而是事實。

而且，你的伴侶已經存在這世上了。會不會還沒出生？我不能說完全不會，但幾乎不會。

說到這兒，如果你還是認爲「自己不可能找得到伴」，

或許是因爲你沒有允許自己「接納異性的愛惜」。

2 婚活是日文「結婚活動」的簡稱，泛指爲了結婚而從事的相親、聯誼等活動。

如果你是女性，或許你在成長過程中遇過某些事，導致你深深認為：
「我不希望男性愛惜我」、
「我不值得男性愛惜」、
「男性不可能愛惜我」。
如果你是男性，或許你在成長過程中遇過某些事，導致你深深認為：
「我沒有能力讓女性獲得幸福」、
「女性不可能愛我」、
「女性不可能愛惜我」。

很多時候，戀愛不順利的原因，在於你將伴侶當成父親或母親，想從對方身上得到小時候所欠缺的關愛，反而沒有正視對方的內在。

如此一來，訂單就會變得很難送達宇宙。

接下來，我要教大家一項簡單的心理練習，有助於解開這個問題。

首先放輕鬆，坐下來深呼吸，閉上眼睛。

如果你是女性，請想像父親就在你面前，對他輕聲說道：

「爸爸，身為你的小孩，我最喜歡你。」

說出這句話之後，心裡是不是湧現了某種情感？感覺到情感變化了嗎？

如果你是男性，請想像母親就在你面前，對她輕聲說出那句話。

心頭湧現的那股情感，請各位好好珍藏片刻。

「希望爸爸是全宇宙最愛我的人。

希望爸爸好好疼惜我。

既然爸爸都不疼惜我了，
其他男人更不可能疼惜我。」
小孩對父母的愛是百分百的，
因此在潛意識之中，
或許會將父親的位置空下來，直到得到父親的愛。
「只有『爸爸（這個男性）會好好疼惜我』」
因此在爸爸疼惜我之前，
我不能允許任何男性疼惜我。」
或是將母親的位置空下來，直到讓母親獲得幸福。
「我沒有能力讓媽媽開心，」
只要媽媽一天不開心，
我就無法讓任何女性開心。」
請試著尊重「爸爸的人生，以及爸爸本人」。

請試著尊重「媽媽的人生，以及媽媽本人」。

接著，請想像爸爸（媽媽）就在你面前，對他（她）獻上最敬禮，表達最大的敬意。

然後，請在心中默唸以下這些話。

「我是個能感受到愛的人。」

「我是個值得愛惜的人。」

「爸爸（媽媽）給了我充分的愛。」

「爸爸（媽媽）是我的百分百最佳家長。」

「我身爲孩子，尊敬爸爸（媽媽）的人生。」

「我身爲孩子，已得到爸爸（媽媽）百分百充分的愛。」

「我會負起責任，將得到的愛傳遞出去。」

只要你能察覺內在的那份存在已久的愛，或許就會發生什麼變化喔。

第七章 教導人類明白：對方絕不會變

如何改造「深信對方會改變的人」

拚命想改變伴侶的人，完全沒有想過對方其實是自己的鏡子，會反映出自己的內心。

然而，當事者的宇宙中所有的登場人物，其實都是當事者自己，因此當事者「討厭對方討厭得不得了」，其實有可能是「討厭自己」。

宇宙其實很簡單。

伴侶之間應該尊敬彼此，才能交換財富的能量，共同提升下訂單的能力；但麻煩的是，男女之間的差異大到超乎人類想像，導致雙方總是嚴重雞同鴨講。

比如說，男人是一種渴望得到女人依賴、喜歡解決問題的生物，但女人只是希望對方能專心傾聽她們的煩惱，並不是真的想解決問題。許多時候，男人喜歡公平、正確，但女人只是希望對方接納她。

男人和女人多半因為如此（當然一定有例外），導致溝通方式大相逕庭。

務必教導人類：跟別人溝通時，要將對方當成語言不通的外國人。此外，不能用自己的價值觀期待或要求別人理解，而是該想想「該怎麼告訴他，才能讓他理解呢?男人（女人）這種文化，到底是什麼樣的文化呢？」應該將對方當成完全不同的生物，徹底保持適當距離，一邊好好觀察。

如何改造「等著別人給幸福的人」

人類情侶關係的崩壞，多半起因於「對方在某方面不願意付出」，導致心生不滿。男女的需求大不相同，如果不了解兩性本質的差異，也難怪會起爭執。

最重要的是，必須捨棄「希望對方帶給自己幸福」的期待。人類必須了解，只有自己才能給自己幸福。所以第一步，就是先靠自己掌握幸福。

如此一來，就不會被對方的期待搞得備感壓力，而能放鬆心情，自然地愛對方。不過，人類最喜歡把自己的幸福託付在他人身上，所以務必嚴正矯正此種行為。

說到底，畢竟男女的心靈架構差異頗大，簡直就像兩種不同的生物，所以希望異性跟自己有一樣的感覺，根本是緣木求魚。

當然，也有可能因為互補，而使雙方的情路更順遂。

如果伴侶一同向宇宙下訂單，雙方的宇宙就會產生共鳴，引發一連串奇蹟，可惜很多夫妻跟情侶都不理解這點。

即使跟不起眼的對象結婚，只要自己擁有很強的能量，對方也會隨之變得耀眼。因此「已婚者看起來特別出色」，事實上，其中一個原因是：因為伴侶夠出色。

換句話說，無論另一半是什麼樣的人，只要自己的能量夠強，就能點亮他（她）的生命。

男人做了令女方開心的事，只要能換來一句「謝謝」，就夠幸福了。

女人應該善用這點，給予男人表現自我的機會。

千萬不要用譏諷的方式要求對方付出。男人最重視的，就是女人的信任。

只要你改變，對方就會改變

「要是我老公能改變就好了。」
「要是我老婆能更認同我就好了。」

常常有讀者來信，談到「希望對方改變」這檔事。

喂喂，講出那種話，
言下之意不就是：
「你現在這樣很糟糕」？
而且還額外下訂單，希望對方「不改變」、「不認同我」！

啊啊啊啊，我又中箭了。

誰教你那麼擅長下「不付出的訂單[1]」，
你這樣對得起X JAPAN嗎！

咦，難道你是說〈紅（くれない）〉!?
為什麼你知道X JAPAN樂團啊！

你希望老公改變，或是希望老婆更溫柔體貼嗎？很遺憾，每個人各自擁有不同的宇宙，因此只能下自己的訂單。

首先，我想請大家放棄一件事。

那就是，

「希望對方給我幸福」、

「希望對方改變」。

「要是老公能賺更多錢，日子一定會好很多。」
「要是老婆能更認同我，日子一定會好很多」
這只是幻想，建議你早點丟掉幻想！
捨棄幻想後，我希望你能嘗試一件事。
在紙上寫下「希望伴侶改變哪些部分？爲什麼？」。
假設有一位太太，希望丈夫改變以下這幾點：
「要是他能幫忙顧小孩就好了。」
「自己的衣服自己洗，好嗎？」
「既然是雙薪家庭，應該共同分攤家事才對吧。」
那麼，各位覺得理由是什麼呢？
因爲養小孩很辛苦？還是說，一個人做家事很辛苦？
這些當然也是原因之一，但追根究柢，我想應該是：

1 原文是くれないオーダー，知名搖滾樂團 X JAPAN 也有一首歌叫做〈紅〉，發音也是くれない。

希望伴侶更重視自己。
希望伴侶在乎自己、愛自己。

幫忙做家事、帶小孩這些問題，一旦妻子充分感受到丈夫的愛，就會自然解決了。

怎樣才能感受到愛呢？

那就是感受到另一半的體貼、在乎與珍惜。

不過，我剛剛也說過：

「對方是不會改變的。」

那麼，該怎麼做呢？

其實，這裡也能套用事先付款法則！

你驚訝地問道：「什麼？事先付款法則，也能用在金錢以外的地方嗎？」

沒錯！金錢是能量，愛也是能量。

既然有能量的循環，就能套用事先付款法則。

大家常說夫妻對彼此來說就像「一面鏡子」。妻子對丈夫感到不滿時，丈夫多半也對妻子感到不滿。此外，大家也常用狹隘的觀點關注自己的不滿，因此完全看不見對方的不滿。

不僅如此，你還對著鏡子說：「你先笑啊。」如果你不笑，鏡子裡的人是絕對不會笑的。

這裡是你的宇宙。
你的訂單就是關鍵。

「如果對方不改變，我就得不到幸福」——

這份訂單有兩個「不」。下這份訂單，會發生什麼事呢？對方「不」會改變，你也「不」會幸福，這兩件事會變成事實。

因此，你必須先笑。換句話說，你必須先讓自己開心。

「謝謝。」
「太棒了。」
「好開心喔。」
「好好吃唷。」

好好回想一下，你們在回憶中，
共度了哪些包含上述四句的時光呢？

老婆嘮叨時，丈夫該做的事情只有一件

全世界的男性朋友們，最近有沒有發出「我愛你光波」呢？

「我老婆好嘮叨，一下叫我做這個、一下說不能做那個。」遇到這種情形，代表你沒有對妻子發出足夠的「我愛你光波」。

所謂的「我愛你光波」，就是朝著對方的眉心暗自默唸「我愛你光波」，以傳達最大的敬意與愛意。

請買束花、約太太出去吃飲約會、兜風，對她表達愛意吧。

女性呢，是女神。
指引男性走向幸福與成功之路的女神。

千萬不要認爲「老婆還不是靠我養的」。

還有，千萬不要把老婆當成負責照顧自己的「老媽」。

否則，成功運會跑掉的！

爲什麼呢？因爲心中最在乎的女性微笑時，能使男性的成就感達到最高峰！

因此，請仔細想想，該怎樣才能讓家裡的女神微笑呢？每天都要想喔！想到死的那一天爲止喔！

此外，私底下偷偷做也可以，請朝著老婆的眉心發出「我愛你光波」，並在心裡默唸這句話。

「我會讓這位女神一輩子幸福。我是個重視周遭女性的男人。」

我們家有三位女神：我太太，以及兩個可愛的女兒。

在家裡，我常常對太太發出「我愛你光波」，但女兒們每次都會大喊：「不公平！」

然後朝我撲過來，變成互推饅頭。2

為什麼宇宙不認同「男人不壞女人不愛」

已婚男性出人頭地、發大財、家庭圓滿的祕訣，就是將太太奉為女神，珍惜她、讓她開心。

此外，也要將家庭擺在第一位，凡事以家庭為重。

我根本無法想像，怎麼會有人把家裡的事情全丟給太太處理。

還有，我也聽過「男人不壞女人不愛」這句話，但這簡直大錯特錯。

2 日文おしくらまんじゅう，是日本的兒童遊戲，幾個人背靠背互相推擠，可藉此在冬日取暖。

那還用說嗎？
就算外遇偷吃沒有被發現、就算只是一夜情，
當你出軌時，就已經把女神置之腦後了，
這件事情——你自己最清楚。

既然自己心知肚明，
就代表你的宇宙早就知道一切了！
能量是會扭曲的！

如果家裡的能量充滿健康的愛，不僅有助於事業成功，孩子的心理狀態也會比較健全。在這樣的環境下長大的男孩，未來將是個優秀人才，女孩也將成爲女神。

反過來說，我希望各位太太明白——自己就是丈夫的女神。

給自己關愛、讓自己開心。只要太太開心，丈夫就開心。

接下來，妳就能好整以暇，接納丈夫的愛了。

女性不需要燃燒母性對丈夫付出，只要徹底接納對方就好。畢竟，爲丈夫做牛做馬卻得不到愛，只好來硬的……這可不像女神的作風喔。

卷五
●
「人生的時間機制」

第八章 教導人類徹底「玩樂」及「享受」人生

如何改造「認為工作就是受苦的人」

工作不是為了賺錢，而是為了使地球上「感恩與財富的能量」得以循環。有需求，所以才有工作，務必讓人類明白：工作是深具價值的。

而所謂的「有需求」，也不是單純泛指「為人做事＝工作」。

工作與金錢是一體的，人類為了促進財富的循環而行動、獲得成就感、被他人需要、被感謝、得到金錢，自己也覺得很充實。

換句話說，到頭來，工作是「為了自己」。

因此，「硬著頭皮做的工作」不會產生好結果，也很難賺到錢。從「工作」原本的意義看來，投入能為自己帶來快樂與成就感的工作，才是成功的最佳捷徑。

反過來說，為什麼有些人投入喜歡的工作，卻幻滅了呢？

關鍵在於：當事者是否衷心相信自己能做好工作、繳出亮眼的成績？此外，如果只是誤以為自己「想做」，或是想要「耍帥給別人看」，那麼也很難達成目標。

務必教人類追尋內心深處的夢想。

人類「想做的工作」，有兩種不同含意。一種是真的想做，並能樂在其中的工作。

另外一種，則是「誤以為想做的工作」。

至於「工作本來就是不得不做的爛差事」這種想法，根本沒有討論的價值。

不要用別人賦予的價值觀選擇工作，而是選擇「想到心情就變得很好」的工作。能否明確勾勒出理想工作的樣貌，其實是非常重要的，但令人意外的是，很多人都做不到。

如何改造「認為夢想不能當飯吃的人」

從宇宙的觀點檢視金錢與工作的關係，「賺到一億圓」的訂單與「做喜歡的工作」的訂單，會產生完全不同的結果。

很多人認為「做喜歡的工作」與「賺錢」是「魚與熊掌不可兼得」，但這是錯的。

舉個例子，假設有個非常熱愛唱歌的四十歲男子想成為「年薪十億圓的音樂人」，於是下了訂單。乍看財富和夢想很難兩全，但還是有可能實現。

實現的關鍵，在於能否抱著開放的心接納提示，並展開行動。

比如有個人成為成功企業家，接著開了一家 Live House、簽下當紅音樂人，偶爾自己也登場演出……從宇宙的角度看來，其實這就是實現夢想。

別把「因為是工作」「因為不是工作」當藉口，每天都要盡情享受生活。務必告訴人類：無論是不是工作，其存在的目的，都是為了讓人類盡情體驗地球生活。

說到底，「用興趣當工作？太天真了吧！」此言一出，就代表當事者不了解宇宙真理，而且「夢想不能當飯吃」這句話，真是太可笑了。因為浮生若夢，人類到地球「一遊」的時間，只是漫長宇宙時光中的曇花一現。

務必不厭其煩地告訴人類：只要是正確的訂單，奇蹟要多少有多少；地球是行動的仙境，一定要盡情暢玩地球。好好尊重自己的人生，將這副承載人類度過今生的軀體視為「人生先生（小姐）」，以客觀的角度檢視人生。千萬不能被社會的框架所綑綁。

接著，設定好優先順序，寫出最棒的劇本，讓你的「人生先生（小姐）」發光發熱吧！

工作，是用來實現訂單的「行動之一」

對人類而言，說到工作，大概會想到「捕魚」「種田」那一類「付出勞力換取溫飽」的行爲。

當然，人體在地球上生存，食物是不可或缺的。

現代人認爲工作就是爲了「換取金錢」，這樣的想法當然沒有錯，不過既然人世的醍醐味是盡情行動，那麼工作，也是唯有在地球才能品嚐的珍貴體驗。

說到底，宇宙根本沒有「工作」的概念，

只有「下訂單、行動、財富循環」的流程而已。

這樣啊，說的也是。

與其說是工作，不如說只是下訂單、付出行動而已。

畢竟，我腦中也只想著這兩件事而已。

幸好你就是這麼單純！

宇宙先生說的沒錯，一切都是行動、愛與財富的循環。

這麼說來，

「工作」並非「為了換取金錢」才不得不做的苦差事，而是實現訂單的「行動之一」。

如此轉念一想，很多事情就變得簡單多了。

假設訂單是「年薪一億圓」，那麼，接下來只要遵循宇宙提示行動就好。

就拿我來說吧，我的訂單是「還清債務，得到幸福」，原本很想經營服飾店，後來也接受冥冥中的指引，轉換到能量石的領域。因爲，我的訂單並不是「在服飾業界出人頭地」。

假設當時下的訂單是「想在喜歡的服飾業界出人頭地」呢？

這只是猜測，但我想我應該會徹底研究暢銷的服裝款式，然後搬到東京發展，在宇宙提示的指引下持續行動。

說不定，我會暫且告別服飾業界，在別的行業創造財源，接著再回到服飾界，運用資金大肆行銷。

沒錯，訂單不同，跑道也不同。

不同的訂單，有不同的實現方式。

拿做音樂來比喻，大家應該會比較好懂。

假設訂單是「在樂壇出道，唱片狂銷破百萬張」，或許就必須改變自己的音樂風格，迎向主流了。

反過來說，如果訂單是「靠著自己的音樂風格走紅」，或許就是在獨立樂界持續打拼，所賺的錢也僅能餬口。此外，如果訂單是「靠著自己風格走紅，唱片狂銷破百萬張」，宇宙先生或許會用超乎想像的方式實現訂單喔（但是，當事者必須是誠心許願，百分百衷心相信）。

無論如何，想要實現夢想、事業成功，就必須追逐眞正的夢想、針對自己眞正喜歡的事業來下訂單。

你以為的夢想，其實只是用來向別人抗議的工具？

我有一位女性朋友是作家。她目前在東京發展，也出了好幾本書，但她原本是家鄉擔任會計人員，目標是考上記帳士。

「我住在鄉下，所以從來沒想過可以將喜歡的事情變成工作耶。」她說。

不料某一天，她忽然發現：

「搞什麼，我根本就討厭數字嘛！」

接下來，事情的發展簡直猛到不行。她想起自己想做的其實是當「小說家」「作家」，於是也不管自己只有短大理組畢業，便直接殺到家鄉的雜誌社應徵，然後從兼職人員變成正職員工，最後終於成爲「作家」。

她辭掉上班族的工作時，在自己的日記寫下當時的目標。

・二十七歲到東京發展

・三十歲當自由撰稿人

・三十五歲出版自己的書

而實際上的情形呢？

- 二十六歲當自由撰稿人
- 三十歲出自己的書
- 三十歲到東京發展

雖然順序並不相同，但每項都提前實現了！

此外，她提出辭呈時，腦中浮現了一幅畫面。那就是：

「啊，原來我要用自己寫的文章、自己拍的照片出書啊！」

據說，當時她在床上又叫又跳，大喊著：「太棒啦！」一副夢想已經實現的樣子。

之後，她完全忘記了原先那個夢想，但事後回過神來，才發現夢想已經實現了。

「啊，對耶，夢想實現了。」她還笑著說：「話說回來，我根本不可能當什麼記帳士嘛！」

人很奇妙，經常將自己不喜歡、不想做的工作誤認為「想做的工作」。

那是因爲家長老是把「我希望你當公務員、捧鐵飯碗」掛在嘴上，因此不知不覺間，自己也誤以爲「我想當公務員」，或是在成長環境的制約下不再做夢，進而把安全穩定的工作當成「夢想」。

人類啊，真的是一種很容易誤會的生物耶。不僅把別人的「願望」當成自己的願望，而且還會把對別人的「抗議」當成夢想呢！

就像「女兒為了向荒唐的母親表示抗議，故意去當銀行員」一樣，這種夢想與個人喜好無關，純粹只是用來「抗議」。

不過，只要內心深處「想實現」的願望、夢想與「想做的工作」不同，事情就會出狀況。可能人際關係會出問題，告訴你「不是這邊啦」，或是做起來一點都不開心，老是出錯。

如果你現在工作不順利，或是明明想做這份工作，卻狀況百出，或許問題是出在「預設錯誤」喔。

你真心想做的事、想實現的願望是什麼？

若你能聚焦在這上面，夢想就等於實現了。

附帶一提，前幾天我遇到前面說的那位女性朋友，她笑著說：
「小池先生，我完全忘記下結婚訂單了啦。」
不過，其實她已經下訂了。我想，這份訂單應該能順利實現喔。

半徑十公尺內的人都能得到幸福的訂單，真的太神了！

如此這般，只要誠心對宇宙送出一份明確的訂單，接下來，宇宙就會將它化爲有形。這就是下訂與實現的運作機制，很多時候，當事者甚至忘記下過訂單，而訂單卻實現了！

最近，我就實現了幾份非常棒的訂單。
就拿我們家最大的心願——夏威夷之旅來說吧。

當初債務纏身時，我對現在的太太求婚，並且說道：「現在還辦不到，但是十年內，我一定會帶妳去夏威夷玩！」她很喜歡夏威夷，因此我心想總有一天，一定要親自帶她去！於是，我懷著堅定的決心，送出宇宙訂單。

去年年底，我帶著太太與兩個女兒，達成了全家首度的國外旅遊。實現的時間是第九年，比訂單所預定的時間還早。

另一份實現的訂單，則是：我重買了一枚婚戒。這枚婚戒，是我太太真正喜歡的款式。

當初求婚時，我還背著一千萬以上的債務，因此想當然耳，無論怎麼努力，也買不起什麼好東西。然而，去年聖誕節，萬事具備，我去卡地亞（Cartier）門市買下了太太最喜歡的戒指，送給太太。

這份訂單，還多了一些贈品。

我買了四支手錶，一支是我喜歡的；一支是太太喜歡的；另外兩支是平時幫我很多忙的公司員工選的；這些手錶分別用來犒賞平時努力的自己、給予我莫大支持與信任的太太（她甚至比我還相信我自己），以及公司的員工。

哇賽，小池，你這暴發戶真不簡單。

喂，人家在分享好故事耶，什麼暴發戶嘛！

訂單總是在不知不覺中實現。
而且訂單實現時，多半附帶贈品。這是我的親身體驗。
此外，我還要分享一個最近特別有感的重要祕訣。

無論是關於工作或是夢想，
你的訂單，
務必讓半徑十公尺內的所有人都能得到幸福。

事業成功到不行，回家卻沒有歸屬感……

夢想實現了，身旁卻一個人也沒有……

以我個人而言，完全不想送出有可能引發上述這些事情的訂單。因爲，我能在這個地球上與太太、小孩、以及身邊支持我的親朋好友相聚，可是只有這麼一次機會啊。

首先，請送出一份能使自己與身邊的人（大概半徑十公尺內）幸福無比的訂單。

此外，前面我也一再強調：你身邊的人，全都是你自己。

因此，你眼前的每一個「自己」，都必須笑容滿面。

這才是眞正的成功。

不僅如此——不瞞你說，用這樣的角度下訂單，比較容易實現宏偉的願望。爲什麼呢？因爲自己與身邊的人滿面笑容，四周就會充滿巨大的正能量，根本沒有負能量介入的空間。

而且，正能量會吸引正能量。

遠大前程，始於足下。今天，我也不忘在心中默唸這句話。

「失敗」，是地球上的一種「心靈洗腦」

聽好了，我要告訴你一件重要的事。
人類會害怕失敗，是心靈在地球被洗腦了。

洗腦？

我也說過很多次了。其實靈魂這玩意兒，
對任何事情都覺得很好玩、都能樂在其中。
人之所以害怕失敗，是因為人類的風險規避機制作祟，
想搶先阻止失敗發生。
坦白說，失敗了又不會死。
然而，在宇宙真理的運作下，

「不想失敗」的能量會被無限放大，因此才會失敗。
其實人不應該專注在失敗上，只要專注在成功上就好了啊。

不過，也確實有可能因為失敗，
而失去了本來應該得到的東西，導致坐困愁城。

喂喂喂，你是把我講過的話當放屁嗎！
豬頭池！
反了反了！正因為失敗能帶來某些東西，
才能連結下一次行動，進而實現訂單啊！

也、也是啦。
這麼說來，人所害怕的應該不是「行動所產生的結果」，
而是下意識地規避失敗所帶來的「某些東西」？

爲什麼人類「不想失敗」，進而下意識地放棄行動？我能想到的可能性之一，就是小時候在親子關係中，建立了關於失敗的規則。

例如：因爲達成某件事情，得到了家長的首度認可；因爲辦不到某件事情，而受到強烈否定；做某件事失敗時，被家長臭罵了一頓……

如此一來，「失敗就會被罵」「失敗好可怕」就會刻入心靈，建立起心靈的風險規避機制，使當事者產生「無論如何，我就是不想失敗」的想法。

本來「失敗」只是達成願望的過程之一，卻在當事者心中變成攸關生死的風險，也難怪會害怕行動了。

那麼，該怎麼辦才好呢？首先，你的腦袋必須清楚認知：「達成」「沒有達成」「成功」「失敗」只是一個「現象」，只是「過程」而已，不會危及性命。

再來，請與自己定下幾個約定，告訴自己：

「即使失敗了，我也不會否定自己。」

「即使失敗了，我也不會嘲笑自己。」

「即使失敗了，我也不會失望。」
「即使失敗了，我也不會責怪自己。」
「即使失敗了，我也不會否定自己。」
「這就是我的生存之道。」

如果你的家族對於失敗非常非常敏感，你大可從自己開始斬斷這條鎖鏈。你一定辦得到！

失敗只是一項經驗，
失敗，不會否定你的存在。

失敗的行動，一定會促使願望達成。
盡情失敗、失敗個過癮吧！

小池剛遇見我時，可是一天到晚失敗呢！

就、就是說啊。

隨時「啟動」，讓你的「人生先生（小姐）」得到幸福！

什麼啟動（ON）、關機（OFF），是誰規定的？[1]

人類真的很愛綁死自己耶。

的確，現在的我，

好像沒有明確劃分工作跟私生活耶。

我好像在幫「自己的人生先生」做企劃，
滿腦子只想著該怎麼讓他變得更棒！

人生從頭到尾，都是為了享受行動樂趣而存在，
所以哪有什麼啟動、關機啊。
像這個小池啊，多虧了本大爺，現在可是整——天都是
啟動啟動啟動啟動啟動啟動喔！
管他是在開講座，還是在辦慶功宴，
都是用同樣的調調講話講個不停喔。

那有什麼辦法！我就很快樂啊。

因此，沒有什麼啓動或關機。
看到這兒，可能會有人問：

「這年頭大家都主張私生活跟工作要取得平衡，你說沒有啓動、也沒有關機，是要我們一直工作嗎？」

其實，我六、日都會好好休息，跟太太、女兒享受天倫之樂。這跟啓動、關機沒有關係，而是按照心目中的重要順序，好好珍惜自己的宇宙，如此而已。

最重要的是，該如何享受這唯一一次的地球行動之旅。

多多下單、多多行動，盡情品嚐願望接連實現的日子，享受工作與家庭！各位只要對此下定決心就好。

如此一來，宇宙絕對會帶你走向夢想中的美景……不，其實行動久了，你自然而然就抵達了。

因此——

「要是埋頭工作，就沒有私生活了。」

「要是整天一直玩，就無法出人頭地了。」

趕快拋下上述的誤解，從這一刻起下定決心，實現所有的訂單吧！

所有的一切，
都從這一刻產生了。

現在無論發生什麼事，總有一天，
你會發覺「啊，原來老天沒有虧待我」。
沒錯。我會，你也會。

「呼！」

我將攤開在地的卷軸收起來，大大嘆了口氣。

沒錯沒錯，正是如此。

自從我徹底學會和了解
宇宙、人類的願望與人心的結構之後，
人生就產生了戲劇性的變化！

爲什麼只下訂單不行動，無法實現願望？這跟人類的心靈大有關係！一切祕訣，全都寫在本書的卷軸裡。

這根本就是「宇宙訂單機制全解析」嘛。

這份卷軸好猛喔。

要是將卷軸內所寫的祕訣告訴全世界、全宇宙，就不會有人哀嘆「願望根本不會實現」了。

我一定要把這份卷軸的內容，

盡量傳達出去……不對，我已經傳達出去了！

「下訂完畢……」

到底經過了多少時間？一鼓作氣讀完卷軸的我，還來不及注意到天色已亮，便抱著卷軸睡著了。

【尾聲】

「爸爸！爸爸！起床！」

我的二女兒爬上沙發，而太太跟大女兒也醒了。

「嗯？奇、奇怪。對了，我本來在打包行李……

啊，對了對了，這份卷軸呀，

是宇宙先生忘了帶走的，

內容超級有趣……

咦，怪了。」

「卷軸？什麼卷軸？

那不是爸爸的書嗎？

是『虐待狂系列』最終集對吧。」大女兒說。

剛才讀得忘我的那份卷軸，竟然變成了一本書。

「咦、咦？啊，對了，虐待狂宇宙先生系列的最新一集樣書寄來了呀……」

這麼說來，卷軸是一場夢？

要說是夢，也太有真實感了吧……

呃……

不會吧……

難道這是傳說中的「夢結局」？

「喂——宇宙先生！」

我悄聲呼喚他，無人回應。

最近都沒聽到宇宙先生的聲音，本來還覺得納悶，

但或許只是因為，他的聲音逐漸變成我的心聲了。

畢竟，宇宙先生是內在真正的真正的真正的我。

他就是我。

小池家的清晨闔家團聚時光，
又將如常開始了。
朝陽灑進寬廣的客廳，
妻女的笑聲不絕於耳。
這裡，就是我此回的「地球之旅」避風港。

【後記】

感謝各位讀到最後！

老實說，在這系列尾聲，我察覺到了一件事。

本書的「虐待狂宇宙先生」（我跟宇宙之間的橋樑），我在第一集說過，初次遇見他時，我問他名字，他說「叫我偉大之泉」，對吧？

偉大之泉——就是廣大的水泉。

而我是小池。小小的池塘。

在小池塘中受苦的我，收到了廣大水泉所陸續送出的訊息。

而到頭來，原來那是我自己靈魂的聲音，是「眞正的眞正的眞正的我」的聲音。

在地球從不放棄追求幸福的自己對我們所送出的訊息，我們是有能力接收的。

發現這件事的時候，我非常感動、開心，深深感覺到：人類的求生能力眞是不可限量啊！

沒錯，每個人都具備在地球盡情玩耍、體驗酸甜苦辣、抓住幸福的能力。希望各位陷在「小池塘」受苦的讀者，能透過虐待狂宇宙先生系列，了解「偉大之泉」的存在。

說到這兒，我要宣布一件驚天動地的消息！

這一次，是我最後一次轉生爲人了。

各位看了，想必覺得：「啥——！我都看到最後了，結果你在鬼扯什麼？」不過，那句話我可不是隨便說說的。況且，抱著破釜沈舟的心態，反而能更加激勵自己「一定要好好享受這一生，給自己一個快樂結局」，不是嗎？

我們能做的，就是對目前所擁有的人事物，投注最高的愛與感恩能量。

某一段時間，「Memento Mori」這句話，帶給我很大的影響。

它的意思是「勿忘你終有一死」。唯有不忘記死亡、對此牢記在心，才能感受到生命。我個人認爲，就是因爲經歷過背債地獄，我才能體會如今的幸福有多麼美好，才能珍惜幸福。

換句話說，「覺得現在的日子很苦的人」，其實已經抓住機會了！就是因爲受過苦，才懂得什麼是幸福，才能在掌握幸福時嚐到眞正的喜悅。

天有不測「陽光」啊。

如果本書帶給你什麼啓發，或是書中的各種靈性、心理學與自我成長的技巧對你有所助益，請務必在日常生活中實際應用喔。畢竟我們降生於地球的目的就是得到幸福，而爲了得到幸福，就得滿足盡情行動的渴望。

最後，我要向各方人士衷心表達謝意。多虧各位的幫忙，我們才能共同創造出這個系列三本超棒的作品。

感謝SUNMARK出版社的虐待狂編輯橋口英惠小姐；將書編排得超級簡單易懂的盟友MARU先生；創作出虐待狂宇宙先生系列角色的ABENAOMI；全系列的設計師萩原弦一郎先生；擔任校稿的乙部美帆小姐，以及DTP的KUMAKUMA團等諸位人士。

此外，還有平時給予我多方支持的INDIGOD仙台股份有限公司的員工，以及宇宙講座的所有工作人員們。

還有，與我共度美好人生的愛妻與女兒們。

我心頭滿懷感激，寫著寫著，不禁眼泛淚光。

最後！當然要感謝選擇本系列書籍的讀者，謝謝各位平時的加油打氣，我要衷心爲各位獻上我愛你光波！

小池浩

二〇一九年四月吉日

寫於杜之都仙台

國家圖書館出版品預行編目(CIP)資料

從負債2000萬到奇蹟罩我每一天：8個吸引好運、財富和人緣的超狂變身機制，順應宇宙法則，更快心想事成！/ 小池浩著；林佩瑾譯. -- 初版. --
[新北市]：李茲文化有限公司, 2022.06
面；　公分

ISBN 978-626-95291-1-7(平裝)

1.CST: 成功法 2.CST: 生活指導

177.2　　111006205

從負債2000萬到奇蹟罩我每一天：

8個吸引好運、財富和人緣的超狂變身機制，順應宇宙法則，更快心想事成！

作　　者：小池浩 (Koike Hiroshi)
譯　　者：林佩瑾
責任編輯：莊碧娟
主　　編：莊碧娟
總 編 輯：吳玟琪

出　　版：李茲文化有限公司
電　　話：+(886) 2 86672245
傳　　真：+(886) 2 86672243
E-Mail：contact@leeds-global.com.tw
網　　站：http://www.leeds-global.com.tw/
郵寄地址：23199 新店郵局第9-53號信箱
P. O. Box 9-53 Sindian, New Taipei City 23199 Taiwan (R. O. C.)

定　　價：380元
出版日期：2022年6月1日 初版
2024年4月8日 十一刷

總經銷：創智文化有限公司
地　址：新北市土城區忠承路89號6樓
電　話：(02) 2268-3489
傳　真：(02) 2269-6560
網　站：www.booknews.com.tw

Change & Transform

想 改 變 世 界 · 先 改 變 自 己

Change & Transform

想改變世界·先改變自己